AF345467

colección
Lejos y Cerca

directora de colección
Silvia Magnavacca

Diseño: Gerardo Miño.
Composición: Eduardo Rosende.

Edición: Primera en castellano. Septiembre de 2012.

Tirada: 800 ejemplares

ISBN: 978-84-15295-15-0

Armado y composición: Suipacha, Prov. de Buenos Aires, Argentina.
Impresión: San Martín, Prov. de Buenos Aires, Argentina.

e-mail producción: produccion@minoydavila.com
e-mail administración: info@minoydavila.com
web: www.minoydavila.com

Ser filósofo en la Edad Media

BARENSTEIN / BORELLI
FERNÁNDEZ WALKER / JAKUBECKI

Ser filósofo en la Edad Media

MIÑO y DÁVILA
EDITORES

ÍNDICE

Ser filósofo en la Edad Media

PRESENTACIÓN

través de algunos ejemplos, este libro pretende abordar una cuestión no muy estudiada: la de en qué consistió "ser filósofo" en la Edad Media. Desde luego, esto supone varias cosas: en primer lugar, que efectivamente existió algo que damos en llamar "Edad Media" o, para ser más precisos, que tiene sentido histórico hablar de "Medioevo". En segundo lugar, supone también que durante ese largo período, que por convención asumimos va desde el siglo V al XV, efectivamente se ejerció la Filosofía y se habló de ella o, en otros términos y para ir despejando prejuicios desde ya, que no se trató sólo de Teología ni del hecho de que la primera haya quedado absorbida por la segunda. Tratemos, pues, de indicar qué significado atribuimos a ambos supuestos, no de fundamentarlos –claro está– porque, en tal caso, dejarían de serlo.

La extensión de la Edad Media, que se prolonga más de un milenio, contribuye a poner en tela de juicio su identidad en cuanto período. Semejante lapso torna casi imposible utilizarlo como categoría histórica, aun respecto de tiempos en los que no se dio la aceleración a la que hoy asistimos. Para ir ciñiendo el foco de atención, atengámonos sólo al campo cultural e intelectual, esto es, a lo que se puede llamar "pensamiento medieval". En él, es prácticamente imposible establecer rasgos comunes, por ejemplo, entre concepciones agustinianas y la moral subyacente en el cantar de los goliardos; entre la poesía altomedieval, muchas veces filosófica, y la lógica ockhamista; entre las irritadas reflexiones de Pedro Damián y la antropovisión implícita en el amor cortés; entre los comentarios de Averroes y los místicos renanos.

Esta heterogeneidad hace que acaso sea preferible hablar de "mundos medievales", universos de sentido que se van sucediendo a lo largo de ese milenio y que, a veces, hasta conviven. Quede pues establecido desde ahora que, al seguir hablando de "Edad Media" por costumbre y comodidad, nos estaremos refiriendo a ellos. Entonces, el desafío está en rastrear lo que posiblemente esos mundos tienen en común.

Una cosa está más allá de toda duda: comoquiera que se lo haya concebido, Dios es la referencia inevitable del hombre medieval. Pero esto es aún algo muy incompleto. Más eficaz se revela recurrir a lo que Kuhn llama "paradigma". Entonces, la pregunta asume otra forma: ¿existe un paradigma medieval, un modo más o menos determinado de aproximarse a Dios, y al mundo que se supone creado por Él, que no se haya dado en otras edades y que se refleje en los diversos aspectos de la vida humana?

Una positiva respuesta inicial a esa cuestión es la que propone C.S. Lewis en *L'immagine scartata*, cuando dice, para expresar una de las diferencias entre nuestro mundo y el medieval, que el hombre moderno, al mirar el cielo estrellado, tiene la impresión de mirar hacia el exterior, "como si se encontrara en el salón de un transatlántico iluminado para una fiesta y contemplara el mar inmerso en la oscuridad", o bien la impresión de escrutar la campiña en noche cerrada, sentado bajo el porche, adivinando

　　　　Silvia Magnavacca

apenas los lineamientos de la pradera en sombras. Paradójicamente, el hombre moderno, envuelto en luz, se siente solo y escudriña en la oscuridad algo más o menos inquietante.

Es una sensación muy distinta de la que se inscribe en lo que Lewis llama el "modelo medieval": un hombre de la Edad Media debía de tener la impresión de que la Tierra estaba "fuera de los muros de la ciudad y de que el Sol, alto en el cielo, hacía muy difícil con su resplandor que el observador pudiera mirar dentro". Pero de todos modos los hombres de entonces trataban de mirar el mundo e intentaban –aun cuando sólo raramente y por poco tiempo, a través de la investigación racional o el amor del éxtasis– escrutar el interior del "vasto espacio cóncavo pleno de música y de vida". Al sujeto cognoscente de esos siglos lo asistía algo que hemos perdido: una serena –para nosotros, ilusoria– confianza en la posibilidad del conocimiento no sólo cierto sino, además, no transido de precariedad ni ordenado únicamente a la funcionalidad. De los dos términos entre los que se da la relación de conocimiento, sujeto cognoscente y objeto conocido, el primero fue concebido en todos los siglos medievales como dotado de una facultad hecha para la verdad, aun cuando ésta fuera arduamente alcanzable; el segundo, el mundo a conocer, fue visto siempre como dotado de un orden, una arquitectura a descubrir que respondía a una *lex aeterna*. La diversidad de concepciones aparece en un segundo momento, cuando nos adentramos en un nivel, si se quiere, de metalenguaje, es decir, cuando nos referimos al conocimiento filosófico, o sea, a aquello que, durante los siglos del Medioevo, se llamó "*philosophia*".

Si asumiéramos esa suerte de invitación de Lewis de seguir ahondando en el "modelo medieval", lo haríamos para subrayar algunos de sus trazos y para diluir y aun modificar otros. En todo caso, es agrandándolo y no empequeñeciéndolo como comprenderemos mejor ese esquema. Se torna, entonces, aconsejable insistir en un enfoque multidisciplinario. Pero esto no debe excusarnos –y hay que subrayarlo– del rigor metodológico de cada disciplina; tanto menos de la Filosofía y su insoslayable remisión a lo filológico, cuando se trata de un tramo de su historia.

Hasta aquí, hemos hecho mención de los intentos –siempre desesperados por imposibles– de "reconstruir" la Edad Media histórica, "real". Con todo, no debemos perder de vista el hecho de que nuestra Edad Media es un Medioevo que la imprescindible y denodada atención a los documentos nos permite ya no re-construir sino construir imaginariamente. Hoy, siguiendo todavía a Le Goff, se insiste sobre esta idea de una Edad Media imaginaria e imaginada.

Hace ya algunos años, en el Prólogo del primer ensayo de esta Colección, se recordaba a Michel Foucault quien, en *Un "fantástico" de biblioteca*, escribe que

> "...lo fantástico ya no habita en el corazón. Se lo alcanza en la exactitud del saber y su riqueza aguarda *entre los documentos*. Para soñar, no es necesario cerrar los ojos; hay que leer. La verdadera imagen es el conocimiento. Lo imaginario no se constituye contra lo real... se extiende entre los signos, de libro a libro, en el intersticio de las repeticiones y de los comentarios, nace y se forma en la galería de los textos. Es un fenómeno de biblioteca".

Nos aprestamos, pues a transitar por diversos mundos medievales con la debida y ardua atinencia a lo literal, con una sola obediencia: aquella que se inclina ante la facticidad de la documentación. El punto es: ¿a qué documentos apelar? Naturalmente, en estos casos, la selección es la clave.

Para mostrar la diversidad y hasta las antinomias en las posiciones que se dan aun respecto de un mismo tema en el arco del milenio medieval, son muchísimos los temas que se podría tomar, casi todos, en realidad. Acaso bastaría, por ejemplo, hacer una historia de la noción de placer, de *voluptas*, cuyas distintas acepciones van desde la más abierta sensualidad hasta la sublimación despojada. Pero no se trata de esa noción sino de la de Filosofía. Y esto nos conduce al segundo punto que requiere una aclaración previa de las páginas que siguen.

En general, más por razones de comodidad que por escrupulosidad histórica, en algunas universidades se entiende por "pensamiento medieval" el que resulta de la confluencia e imbricación de las categorías fundamentales del pensamiento antiguo con las cosmovisiones implícitas en las tres grandes religiones del Libro: Judaísmo, Cristianismo e Islam.

Sin embargo, ante esto, una cuestión surge inevitablemente ante la mirada del lector contemporáneo: "pensamiento" abarca de hecho varias disciplinas pero, sobre todo, habida cuenta de la caracterización propuesta, comprende quizá más la Teología que la Filosofía. En este sentido, se impone recordar que, tratándose del Medioevo, la distinción entre ambas es, en general, anacrónica, en cuanto que responde en realidad a un criterio decimonónico. Para el monje de comienzos del siglo XI, por ejemplo, la Escritura era tan indubitable como los principios lógicos.

Paulatinamente, a partir del siglo XII, cuando el debate se empieza a dar en ambientes urbanos, fuera de los muros protectores de los monasterios, se van distinguiendo los campos de ambas disciplinas y se afinan sus respectivos instrumentos. Este proceso coincide con la plenitud del pensamiento medieval, la que se alcanza en esos tres siglos finales. Si nos atuviéramos a éstos, en una sucesión históricamente rápida, el XII corresponde a la primavera, el XIII a la eclosión del verano, y el XIV al comienzo del otoño de la Edad Media. Son precisamente aquellos que aborda el presente ensayo.

En dicho proceso fue decisiva la institucionalización de la enseñanza en esa otra brillante creación medieval: la universidad. Dentro de ese contexto, una contribución no menor fueron las varias introducciones a la Filosofía, redactadas a modo de pequeños manuales escolares para quienes ingresaban en las Facultades de Artes de las universidades recién creadas, como la *Divisio scientiarum* de Arnoldo de Provence. Sin embargo, muchos de estos documentos del siglo XIII son anónimos, por ejemplo, la *Philosophica disciplina* o el *Accessus philosophorum*. Trataban de orientar a quienes ingresaban a la Universidad de París en lo concerniente a las divisiones de la Filosofía y su vinculación con las artes liberales. Remitimos al respecto al riguroso estudio filológico e historiográfico de Claude Lafleur.[1]

En otro orden, tenemos el opúsculo de Aubry de Reims, Albericus, que, en cambio, es en sí mismo filosófico, puesto que, sin omitir cuestiones epistemológicas como la articulación interna de la Filosofía –al menos como se daba en los estudios de la Uni-

---

1 Lafleur, Cl., *Quatre Introductiones à la Philosophie au XIIIe. siècle*, Montréal, Institut d'Études Mediévales. Paris, Vrin, 1988.

versidad parisina– constituye una verdadera reflexión estimativa acerca de ella y de su peso decisivo en el destino humano. Su ponderación de la Filosofía como siendo ella y no la Teología la culminación de la escala del saber, unida al hecho de su divulgación en el temprano ámbito de los estudiantes parisinos, inclina a asumir su opúsculo como punto de referencia.

Precisamente, la Filosofía –señala el texto– "de manera admirable ordena y dispone la naturaleza humana para la consecución de la felicidad".[2] Sin embargo, esta posesión no es, a los ojos de Alberico, un don gratuito; por el contrario, debe ser conquistada eludiendo cuidadosamente los escollos y aun las trampas que se ofrecen en el camino, por ejemplo, la negligencia en el rigor argumentativo, ya que la Filosofía se encuentra "*in agone studii*": en la lucha del estudio como dedicación.

No obstante, además de forzar una identificación sorprendente, la de la Filosofía nada menos que con la Esposa del *Cantar de los Cantares*, Aubry la llama "*domina imperialis*". Con agudeza, Martínez Ruiz recuerda que lo hace "exactamente al mismo tiempo y en el mismo lugar en el que Tomás de Aquino se esforzaba por demostrar y asegurar su condición de *ancilla theologiae*".[3]

Seis gradas han de escalarse para llegar a la cumbre de esta señora imperial. Ellas son: la razón, mediante la que se distingue lo verdadero de lo falso y se forman proposiciones máximas; la ciencia, con la que se extraen conclusiones; el arte, por el que se regulan las operaciones; la prudencia, mediante la cual se ordenan esas operaciones al fin que les es debido. Cuando ha alcanzado el fin, las operaciones "se vuelven sabrosas y endulzan: esto es la sabiduría", sostiene Aubry, respetuoso de la tradición

---

2   Apelamos a la edición que ofrece R. Gauthier como Apéndice a sus "Notes su Siger de Brabant II. Siger en 1272-1275. Aubry de Reims et la scision des Normands", *Revue des Sciences Philosophiques et Théologiques* LXVIII (1984) 3-49, a partir de aquí citado como *Ph*. La edición de Gauthier se cita como *G*. Traducción y eventuales subrayados son propios. en este caso, *Ph* 35, *G* 30.

3   Martínez Ruiz, C. "*Et ibi statur*. La Introducción a la Filosofía de Aubry de Reims y el 'segundo averroísmo'", en Mattio E.-Scotto, C. (eds.), *Objetividad, interpretación e historia: perspectivas filosóficas*, Univ. Nac. de Córdoba, 2006, pp. 551-560.

medieval que se remonta a Isidoro de Sevilla cuando éste hace derivar "*sapientia*" o, mejor dicho, *sapiens* de "*sapor*".[4]

Llegados a este punto, Alberico de Reims estampa una afirmación definitiva:

"Una vez hallado el sabor [de la sabiduría], se ama; eso es Filosofía; allí está (*Sapore vero reperto amatur, et sic est philosophia et ibi statur*)".

Así pues, la Filosofía es ya sabiduría; mejor aun, es la posesión y el arduo acrecentamiento de ella. Lo demás son cuestiones de fe, que dependen de la Gracia divina; o bien cuestiones de Teología, reguladas por la Facultad correspondiente en el siglo XIII.

Este encomio se construye extremando los rasgos más positivos e integradores de una determinada concepción de la Filosofía. En efecto, no se ha prestado suficiente atención al hecho de que el texto de Aubry dedica una parte a *algunas* de sus definiciones o caracterizaciones en las que remite a una pluralidad de fuentes. Tales caracterizaciones son:

1. La Filosofía es el amor a la sabiduría. Recordemos que no se habla de cualquier tipo de amor sino del que procede del conocimiento *adquirido*. Las fuentes de Alberico son en esto Isaac Israeli, Séneca e Isidoro.
2. La Filosofía es el conocimiento que tiene el hombre de sí mismo, pues, si se conociera completamente, en cierto modo conocería todas las cosas. Lo curioso es que Aubry no asocia esto con el conocido principio aristotélico del *De an.* III, 5, 430 a 12 y ss., sino con la idea de microcosmos en Platón.
3. La Filosofía es el conocimiento de las cosas divinas y humanas. En esta caracterización las fuentes principales son Cicerón, Pedro Lombardo y, sobre todo, San Agustín.[5]

---

4   "*Sapiens* así dicho *a sapore*, porque así como el gusto es apto para distinguir el sabor de las comidas, así el sabio es apto para el conocimiento de la verdad de las cosas y de sus causas. Porque lo conoce todo y discierne la verdad con madurez de juicio. A esto es contrario el *insipiens*, que está sin sabor y sin sentido alguno de discreción", *Etym.*X, 240, ed. BAC, Madrid, 1951, pp. 258-259.

5   Cf. *Contra Acad.* I, 6-8; *De Trin.* XIV, 1, 3.

Ahora bien, dos son las concepciones centrales que de hecho y a veces explícitamente se tuvieron sobre *"philosophia"* en cuanto término que indica un saber no revelado. Por una parte, en la Edad Media se ha entendido la Filosofía como "escuela de vida y de *sapientia*", "refugio para el alma", "puerto de felicidad" y "madre de libertad", caracterizaciones todas ellas que no acuña pero sí consagra Agustín de Hipona en sus primeros diálogos y que pasan, trasmutándose, al agustinismo medieval, hasta los últimos siglos. Por la otra, también se la concibió como *scientia*, y aun como ciencia instrumental, sobre todo, funcional a la Teología, e identificada con el aristotelismo. Así, de algún modo se prolongan durante la Edad Media esas dos concepciones gestadas en la Antigüedad como ha mostrado hace muchos años el clásico ensayo de Ann Malingrey.[6]

El texto de Aubry de Reims está claramente encuadrado en la primera de esas tradiciones, aquella que, sin negar la vertiente aristotélica –cosa, por lo demás, inevitable en el siglo XIII, como sabemos– rescata la vinculación directa de la Filosofía con la vida. Esto se advierte, entre otras cosas, en el plural entramado de citas que jalonan su opúsculo.

En las páginas que siguen, el lector podrá ubicar a cada uno de los autores que se exponen en una de estas dos antiguas corrientes. Se trata, pues, de ver el modo en que cada uno de ellos *vivió* la Filosofía, ya sea vinculada con la *sapientia*, ya desde una noción que la asocia a la *scientia*. Aunque sólo se ofrecen cuatro de esas concepciones, quienes firman el presente ensayo las presentan encarnadas, por así decir, en cada uno de los nombres que encabezan los capítulos que lo componen; de ahí sus subtítulos. Esa voluntad de presentación encarnada de algún modo nos allega el Medioevo. Por eso, el título de este volumen de la Colección "Lejos y cerca", comienza con la expresión "Ser filósofo" y no "Significados de Filosofía" en la Edad Media.

En efecto, mediante Natalia Jakubecki nos encontraremos con Pedro Abelardo y un modo combativo de encarar la Filosofía; Julián Barenstein ofrece, con su Ramón Llull, la imagen de un filósofo de obstinada convicción; Gustavo Fernández Walker

---

6   Cf. Malingrey, A., *"Philosophia". Étude d'un groupe de mots dans la littérature grecque*, Paris, Klineksieck, 1961.

presenta a Nicolás de Autrecourt, un intelectual que no cede al escepticismo; Marcela Borelli, a través de Petrarca, nos acerca al creador que arrancó de las cenizas finales de la Edad Media el nuevo comienzo de la filosofía humanística. Fruto de trabajos individuales que fueron puestos en común, generando la reflexión de la confluencia, el presente volumen refleja una feliz experiencia conjunta, *in agone studii*, como amaba repetir Alberico.[7] En la célebre cita que de él se ha reportado, el *ibi statur* consiente otro *matiz* en la misma lectura. Es la que propone Alain de Libera al hablar de aquellos maestros universitarios medievales, poco conocidos en general, que, habiendo culminado sus estudios filosóficos, se negaban a pasar a la Facultad de Teología:

> "...aspiraron a un beneficio –dice Alain de Libera– que la Iglesia no distribuía: el beneficio del placer... fin anhelado de una ascesis intelectual. *Ibi statur*: 'Quedémonos aquí'. Llegados a la Filosofía, hay que deberse a ella; no hay por qué ir más lejos que el sabor (*sapor*) de la sabiduría (*sapientia*)".[8]

Aubry también proponía una cuarta caracterización de la Filosofía. Ella consiste –decía– en la multiplicación del conocimiento desde el maestro al discípulo a través de la enseñanza y del aprendizaje. En el caso de esta última definición, Alberico considera conveniente añadir una suerte de justificación, señalando que la Filosofía es la noble posesión del espíritu que, al distribuirse, se incrementa.[9] Pero, podríamos preguntarnos, ¿qué es lo que se posee?, ¿la verdad? No, al menos, no de manera definitiva. Lo que se posee es el oficio de buscarla. *Ibi statur*.

Silvia Magnavacca

Buenos Aires, otoño de 2012

---

7   Se llevó a cabo en el marco del Proyecto UBACYT F052, dirigido por quien firma esta presentación.

8   De Libera, A., *Pensar en la Edad Media*, trad. J. M. Ortega y G. Mayos, Barcelona, Anthropos, 2000, p. 80.

9   Cf. *Ph* 205-229, *G* 38-39.

PEDRO ABELARDO
O LA DIALÉCTICA Y SUS ALCANCES

Et quoniam philosophicis maxime rationibus nos
aggrediuntur, et nos eas praecipue prosecuti sumus
quas credo ad plenum nemo intelligere ualet nisi
qui philosophicis et maxime dialecticis studiis
inuigilauerit.

P. Abelardo, *Theologia Summi Boni.*[1]

edro Abelardo fue quizás el maestro más brillante del que las escuelas parisinas del siglo XII hicieron gala. En un contexto histórico en el cual las viejas estructuras de pensamiento ya casi no podían dar cuenta de las nuevas inquietudes tanto espirituales como estrictamente intelectuales, nacidas a partir de vertiginosas transformaciones políticas y geográficas, la figura del *Magister* aparece como un punto de referencia ineludible. Tal es así que, como afirma De Vecchi refiriéndose al ámbito cultural,[2] resulta difícil distinguir cuánto han influido estos cambios en el curso intelectual de Abelardo, de cuánto ha influido Abelardo en ellos.

---

1   *Theologia Summi Boni*, eds. E. M. Buytaert y C. J. Mews. (Corpus Christianorum Continuatio Mediaevalis XIII), 1987, III, 101 (de ahora en adelante se cita "*Th.SB*").

2   Cf. De Vecchi, G., *L'etica o* Scito te ipsum *di Pietro Abelardo. Analisi critica di un progetto di teologia morale*, Roma, Ed. Ponfiticia Università Gregoriana, 2005, p. 7.

Puede pensarse que el origen de todas y cada una de sus novedosas ideas se encuentra, en el fondo, en el modo que tuvo de entender la filosofía. Es por esta razón que en el presente capítulo intentaremos adentrarnos, por medio de sus textos, a la riqueza y las perplejidades que entraña la concepción abelardiana del quehacer filosófico. Para ello, ante todo, será necesario hacer una serie de precisiones terminológicas.

Lo primero que debemos tener en cuenta es que, en el siglo XII, el término *"philosophia"* se encuentra íntimamente ligado al de *"dialectica"*, si bien los pensadores de aquella época eran conscientes de que existía una diferencia entre ambos. Esto se debe a que el siglo anterior fue testigo de una polémica entre la fe y la razón, en la cual esta última, siempre aunada en el imaginario con la filosofía, se hallaba representada por las artes del *trivium*, lideradas por la dialéctica. Así, muchas veces se utilizaron ambos términos de manera indiferente. Para cuando Abelardo escribe, dicha polémica, aunque vieja y debilitada, aún no había terminado. Es por esto que, para alegría de los historiadores de la filosofía, son muchos los textos abelardianos que contienen arduas aclaraciones y una incansable defensa de su posición sobre la querella, de las que podremos extraer con seguridad algunos indicios sobre su concepción de la filosofía.

El siglo XII también conoció la encarnizada querella de los universales, en la que Abelardo, como no podía ser de otra manera, participó. En este contexto, es el término *"logica"* el que tiene mayor relevancia. El Palatino pareció no haber podido disociar lógica y dialéctica, aunque ya no desde el punto de vista terminológico sino desde el práctico. De hecho, Gilson sostiene que, después de haber entendido la lógica como gramática, Abelardo "pasó entonces a interpretar la filosofía en términos de lógica".[3]

Ahora bien, en la mayor parte de las obras abelardianas, tanto *"logica"* como *"dialectica"* son términos equiparables, aunque en rigor, y según Boecio, la dialéctica no es sino uno de los aspectos de la lógica, esto es, lo que hoy entendemos por lógica formal. Pero también hemos visto que *"dialectica"* es otra

---

3   Gilson, E., "Logicismo y filosofía" en *La unidad de la experiencia filosófica*, Madrid, Rialp, 2004⁵, p. 36.

                                   Natalia Jakubecki

de las maneras de llamar a la filosofía, al menos hasta entrado el siglo XIII. Por razones de economía textual y para facilitar la lectura, utilizaremos indistintamente "dialéctica" y "lógica", al igual que ha hecho Abelardo, a menos que sea necesario distinguirlas en algún caso puntual. Y dejaremos "filosofía" para la disciplina que comprende a ambas.

Además, precisamente lo que pretendemos analizar aquí es si el *Magister* entiende que la dialéctica es, efectivamente, la manera en que se hace filosofía, tal como afirma Gilson. De ser esto así, Abelardo estaría adhiriendo a la tradición aristotélica, es decir, aquella que ve a la filosofía como una *scientia*.

Para ello partiremos de, al menos, dos claves hermenéuticas:

1. El análisis del marco teórico en el cual Abelardo utiliza los términos "dialéctica", "lógica" y "filosofía" para comprender, de esta manera, la relación que establece entre ellos.
2. La figura del *"philosophus"* a fin de indagar:
   a. si es intercambiable con la del dialéctico, o si, por el contrario, hace un uso ambiguo de los términos;
   b. y en caso de que el uso fuere ambiguo, si con "filósofo" alude únicamente a los antiguos o también a sus contemporáneos.

Finalmente, restará investigar cuáles son los alcances y límites del modo en que Abelardo entendió y practicó la filosofía.

El valor de la *dialectica* en los escritos abelardianos

Logica ingredientibus

La *Logica ingredientibus*, uno de los primeros escritos abelardianos, es una extensa glosa a la *Isagogé* de Porfirio, pensada para principiantes. Como es de esperar, trata fundamentalmente el problema de los universales, querella lógica medieval por excelencia.

Este texto no contiene sino unos pocos párrafos donde el autor se encarga de ubicar la lógica dentro de las ramas del conocimiento. Y si bien no es mucho lo que dice sobre ella, nos sirve para entender cuál es el lugar que ocupa la dialéctica o, en sentido estricto, la lógica, en la estructura del saber. De esta manera, da comienzo a la obra siguiendo la clasificación de Boecio, quizás el máximo representante de los estudios lógicos en la cosmovisión del siglo XII. Este autor, dice Abelardo:

> "...distingue [en la filosofía] tres especies: la especulativa, que estudia la naturaleza de las cosas; la moral, que considera la honestidad de la vida, y la racional, que organiza racionalmente la argumentación, y a la que los griegos llaman 'lógica'".[4]

Como aquí podemos observar, el lugar de la lógica es el de ser una especie de la filosofía, y no la filosofía misma. Aun así, la lógica parece tener un doble valor. Por una parte, es simplemente instrumental, ya que resulta indispensable para las otras especies de filosofía y para cualquier otra ciencia, dado que sin ella no podrían, dice Abelardo, sostener sus argumentos:

> "Así, si se plantea la cuestión de si en la filosofía natural o moral, los argumentos se toman de la lógica [...] nada impide que una misma cosa sea instrumento y parte de otra, tal como lo es la mano respecto del cuerpo. Incluso la lógica a menudo parece ser instrumento de sí misma...".[5]

Por otra parte, la lógica tiene también valor intrínseco:

> "...el mismo Boecio la distingue de las otras dos especies de la filosofía, asignándole un fin propio, que consiste en ordenar la argumentación".[6]

---

4   "*...tres species Boethius distinguit, speculativam scilicet de speculanda rerum natura, moralem de honestate vitae consideranda, rationalem de ratione argumentorum componenda, quam logicam Graeci nominant*", *Logica ingredientibus*, ed. B. Geyer, Peter Abaelardus, *Philosophische Schriften, Beiträge zur Geschichte der Philosophie des Mittelalters*, Münster i, Westfalia, 1919, p. 1, 8-11. Traducción propia de los textos latinos, salvo expresa indicación en contrario.

5   "*Veluti si ex naturali vel morali speculatione quaestio fiat, ex logica sumuntur argumenta [...] nihil impedire dicit idem eiusdem et instrumentum esse et partem, sicut est manus humani corporis. Ipsa etiam logica sui saepe instrumentum videtur...*", *ibid.*, 14-18.

6   "*...ipse Boethius a duabus aliis philosophiae speciebus proprio fine suo distinguit qui in componendis argumentationibus consistit*", *ibid.*, 22-23.

                                                     NATALIA JAKUBECKI

Este doble valor, instrumental e intrínseco, hace de la lógica la disciplina más importante, cuya valía prevalece por encima de cualquier otra. Y esto es porque es la única capaz de

> "...no dar lugar a error a aquellos que se desvían con frecuencia en falsos argumentos, dando entonces la ilusión de descubrir, por la razón, lo que no se encuentra en la naturaleza...".[7]

Ya Boecio había señalado que esos falsos argumentos a los que se refiere el texto son los argumentos de la sofística.[8] Así, Abelardo considera que, puesto que se trata de una disciplina que intencionalmente propone argumentos falaces, se encuentra en las antípodas de la dialéctica. En los siglos XI y XII ambas antagonistas serán confundidas por los llamados "antidialécticos", por lo que muchos pensadores se encontraron ante el imperativo, tanto teórico como práctico, de distinguir una de otra. Eso es precisamente lo que hace Abelardo en su famosa *Invectiva*, escrita "...contra algún ignorante de la dialéctica que, sin embargo, desaprobaba su estudio, y consideraba todos sus principios como sofismas y engaños".[9]

Invectiva

Con todo, el propósito último de la epístola no es tanto el de distinguir la sofística de la dialéctica, sino el de defender el valor intrínseco de esta última, aunque para ello Abelardo deba aclarar en qué consisten una y otra:

---

7   "...*ne nimium vagos ialsis complexionibus in errorem pertrahat, cum id quod in rerum natura non invenitur...*", *ibid.*, p. 2, 2-3.

8   Cf. Boecio, *Commentaria in Topica Ciceronis*, *PL.*, LXIV, 1045 B-C. Al igual que la dialéctica, la sofística, según Boecio, es una de las funciones de la *collectio*, siendo ésta, a su vez, una parte de la lógica.

9   "*Invectiva in quemdam ignarum dialectices, qui tamen ejus studium reprehendebat, et omnia ejus dogmata putabat sophismata et deceptiones*", *PL.*, CLXXVIII, 351 D, (de ahora en adelante se cita: "*Invectiva*"). En lo que respecta a la *Invectiva*, el destinatario podría verse como una vaga reminiscencia del necio de Anselmo. La fecha de ésta es incierta, pero se supone que fue escrita alrededor de 1130. Cf. Zerbi, P., *"Philosophi" e "Logici". Un ventennio di incontri e scontri: Soissons, Sens, Cluny (1121-1141)*, Milano, Vita e Pensiero, 2002, p. 33, nota 74.

"Resulta evidentísimo que las disciplinas dialéctica y sofística son distintas una de otra, puesto que aquella consiste en razones verdaderas, mientras que ésta en razones aparentes, proporcionando argumentaciones falaces. Aquella refuta las falacias de las razones aparentes y, gracias al discernimiento de las argumentaciones verdaderas, enseña a descubrir las falsas".[10]

Para Abelardo, la dialéctica es una disciplina particular que estudia las formas y estructuras del pensamiento, y que difiere de las otras disciplinas filosóficas en tanto que cuenta con su propio campo de estudio. Pero no se limita únicamente a esto. Tal como afirma Zerbi, la dialéctica es, además, "un método para bien poder conducir la razón en la evasión de lo falso y en el discernimiento de la verdad".[11] De todas maneras, Abelardo no desdeña enteramente el papel de la sofística, ya que es menester conocer estas razones aparentes o falsas a fin de no caer en sus enredos. Así como en ética el Palatino afirmará que no podemos evitar el mal si no lo conocemos, en cuestiones epistemológicas parece sostener algo análogo:

"...como al hombre justo le es necesaria la noticia del mal –no para hacer el mal, sino para poder prevenir el mal conocido–, así también al dialéctico no le puede faltar la práctica en los sofismas, para que, de esta manera, pueda protegerse de ellos".[12]

Frente a los antidialécticos como Bernardo de Clairvaux que censuraban el uso de la lógica, especialmente en lo que respecta a cuestiones que versan sobre los contenidos de la fe, Abelardo reacciona con dureza. Afirma que aquellos que rechazan la dialéctica lo hacen por la propia ineptitud, ya que no son capaces de comprender sus contenidos.

---

10 *"Utraque tamen scientia tam dialectica scilicet quam sophistica ad discretionem pertinet argumentorum nec aliter quis in argumentis esse discretus poterit, nisi qui falsas ac deceptorias argumentationes a ueris et congruis argumentationibus distinquere ualebit"*, *Invectiva*, *PL.*, CLXXVIII, 354A.

11 Zerbi, op. cit., p. 33. Traducción propia.

12 *"Ut enim homini iusto mali quoque notitia necessaria est, non ut malum fatiat, sed ut malum cognitum cauere queat, ita et dialectico sophismatum non potest deesse peritia, ut sic ab eis sibi cauere queat"*, *Invectiva*, *PL.*, CLXXVIII, 354A.

     NATALIA JAKUBECKI

"…algunos doctores de nuestro tiempo, como no pueden comprender la fuerza de las razones dialécticas, las maldicen en tanto que consideran todos sus principios como sofismas y engaños antes que dictámenes de la razón. [...] condenan lo que no saben, acusan lo que ignoran. [...] llaman 'necedad' todo aquello que no entienden, consideran delirio lo que no pueden comprender…".[13]

Esta afirmación no carece de audacia, sobre todo si tenemos en cuenta que estaba confrontando implícitamente con autoridades eclesiásticas, cuyas convicciones se depositaban en las Escrituras y en la exégesis tradicional. Es por ello que Abelardo se siente obligado a apoyarse en San Agustín para no caer en descrédito ante ellas:

"Por lo que en el libro segundo de su obra *Sobre el orden*, recuerda: 'La disciplina de las disciplinas, que se llama dialéctica, enseña a enseñar, enseña a aprender. En ella, la razón se devela a sí misma, demostrando qué es y qué quiere. No es que únicamente quiera volvernos sabios, sino que, en efecto, puede hacerlo'".[14]

Ahora bien, debemos notar que esta carta abelardiana, aunque estrictamente no esté escrita con vistas a una intervención directa en la querella de los universales, es también, como la *Logica ingredientibus*, un texto de carácter lógico. Sin embargo, Abelardo no se refiere aquí a "la lógica", sino a "la dialéctica", lo que evidencia lo afirmado anteriormente: que en el imaginario del siglo XII ambos términos son equiparables. Y en tanto que es una de las artes más refinadas y difíciles de adquirir, pero la única que puede hacernos sabios, es, precisamente por esto, la disciplina suprema. En este sentido, el *Magister* parece estar pensando en una acepción más amplia del término, es decir, en

---

13 "…*quidam huius temporis doctores cum dialecticarum rationum uirtutem attingere non possint, ita eam execrantur ut cuncta eius dogmata putent sophismata et deceptiones potius quam rationes arbitrentur.* [...] *quod nesciunt damnant, quod ignorant accusant* [...] *Quicquid non intelligunt, stultitiam dicunt, quicquid capere non possunt, aestimant deliramentum*", ibid., 353C.

14 "*Unde libro secundo De Ordine ita meminit: Disciplinam disciplinarum quam dialecticam uocant. Haec docet docere, haec docet discere. In hac se ipsa ratio demonstrat atque aperit quae sit, quid uelit. Scit sola, scientes facere non solum uult, sed etiam potest*", ibid., 354D. Este pasaje también lo utiliza en otras obras, y es curioso que Berengario de Tours, defensor de la dialéctica, también lo utilice.

aquella que la acerca a la filosofía misma, aunque esto no sea explícito.

Dialectica

Otra de las obras lógicas de Abelardo, y la última que analizaremos aquí, es la *Dialectica*. Interesan particularmente los primeros párrafos del libro IV puesto que, en cierto modo, pueden ser leídos como una prolongación de la *Invectiva*.

Con la misma vehemencia con la que en la obra precedente había reprochado la ceguera de los antidialécticos, el *Magister* comienza aquí denunciando una serie de acusaciones que se le ha hecho justamente por ser él un defensor y practicante de la dialéctica:

> "Mis adversarios inventaron últimamente una nueva acusación que es una calumnia contra mí, que escribo con frecuencia sobre el arte dialéctico. Afirman que no le es lícito a un cristiano tratar de lo que no concierne a la fe. Y dicen que esta ciencia no sólo no nos dispone para la fe, sino que la destruye con los enredos de sus argumentaciones".[15]

Abelardo se indigna por el hecho de que a él, que se proclama tan cristiano como aquellos que lo acusan, no le esté permitido conocer la verdad por medio de la dialéctica. Y si bien el propio acusado habla de "enredo" en las argumentaciones, lo que se le critica, en realidad, no es que haga uso de la lógica, sino de la razón y, por consiguiente, de la filosofía toda en los asuntos de fe.[16]

---

15   *"Nouam accusationis calumniam aduersum me de arte dialectica scriptitantem aemuli mei nouissime excogitauerunt, affirmantes quidem de his quae ad Fidem non attinent, christiano tractare non licere. Hanc autem scientiam non solum nos ad fidem non instruere dicunt, uerum Fidem ipsam suarum implicamentis argumentationum destruere"*, *Dialectica, First complete edition of the Parisian manuscript. With an introduction by L.M. de Rikj*, Assen, Van Gorkun, 1970, IV, 1, § 469. Se sigue, con algunas correcciones, la traducción de Murillo, I., "Actitud de Pedro Abelardo ante la dialéctica en su *Invectiva*. Relaciones entre dialéctica, teología y ética" en *Cuadernos salamantinos de filosofía*, nº 22 (1995), pp. 159-174.

16   Cf. Introducción. La primera parte de la acusación que Bernardo de Clairvaux escribe contra Abelardo es un claro ejemplo de ello. Allí sostiene, entre otras cosas, que Abelardo es: "*...novum de veteri magistro theologum, qui ab ineunte*

A continuación, para seguir con su defensa, propone un argumento que mantiene los lineamientos del que ya había aparecido en la *Invectiva*. Mientras que allí decía que el conocimiento del mal es bueno, aquí sostiene que *todo* conocimiento o *scientia* lo es, en tanto proviene de Dios.

"Si, por consiguiente, no es malo el saber, sino el actuar, tampoco la malicia se ha de referir a la ciencia sino al acto. A partir de ahí demostramos, pues, que es buena toda ciencia [...] Por lo que también conviene admitir que es bueno el estudio de toda ciencia, gracias al cual se adquiere lo que es bueno; pero se ha de insistir principalmente en el estudio de aquella doctrina a partir de la cual se conoce una verdad de mayor valor".[17]

Y en la respuesta que da nos encontramos con una afirmación valiosísima para nuestra investigación. El *Magister*, nuevamente, distingue la dialéctica de la filosofía, y, aunque no especifica si la dialéctica es o no parte de la segunda, sí deja entrever una relación jerárquica con las demás disciplinas:

"Ahora bien, esta doctrina es la dialéctica, de la que de tal modo depende el discernimiento de toda verdad o falsedad, que posee la primacía de toda filosofía, el papel conductor y la dirección de *toda doctrina*".[18]

La dialéctica asume aquí las características que en la *Logica ingredientibus* tenía la lógica. Además, respecto de la filosofía, añade una novedad: su función es la de guiarla y regirla. Y no sólo a ella, sino a "toda doctrina". Este punto de vista es el que

---

aetate sua in arte dialectica lusit [...] *ponit in coelum os suum, et scrutatur alta Dei, rediensque ad nos refert verba ineffabilia, quae non licet homini loqui et dum paratus est de omnibus reddere rationem, etiam quae sunt supra rationem...", Contra quaedam Capitula errorum Abaelardi, PL.,* CLXXXII, 1055A. Por otra parte, la *Dialectica* es uno de los textos abelardianos en los que se puede observar con mayor nitidez el principio de lo que será, años más tarde, la independización de la filosofía respecto de la teología.

17 "*Si ergo scire malum non est, sed agere, nec ad scientiam sed ad actum referenda est malitia. Ex his itaque scientiam omnem* [...]. *Unde et omnis scientiae studium bonum oportet concedi, ex quo id quod bonum est, adquiritur; eius autem doctrinae studium praecipue est insistendum, cuius potior ueritas cognoscitur", Dialectica,* ed. cit., § 470.

18 "*Haec autem est dialectica, cui quidem omnis ueritatis seu falsitatis discretio ita subiecta est, ut omnis philosophiae principatum dux uniuersae doctrinae atque regimen possideat", ibid.* Subrayado propio.

mantendrá a lo largo de su vida y que se ve reflejado en el que probablemente sea su último escrito, el *Dialogus*.[19]

Dialogus inter philosophum, iudaeum et christianum

En este texto, que ya no es de carácter lógico sino moral, Abelardo aclara una vez más que la dialéctica es sólo una parte de la filosofía, y que tiene fundamentalmente valor instrumental, si bien sumamente importante, puesto que, junto con las demás artes del *trivium*, se encarga de preparar los "escalones para subir hasta aquella cima".[20] Y esta cima es nada menos que la bienaventuranza eterna, la Salvación a la que aspira todo cristiano.

A continuación, nuestro autor recurre nuevamente al pasaje del *De ordine*[21] en donde Agustín ensalza las potencialidades de esta disciplina.

Hasta aquí, entonces, no encontramos ningún cambio significativo respecto de los textos anteriores. Sin embargo, quizá porque éste es un escrito de madurez, establece un giro en su concepción de la ciencia: ubica a la ética, y no a la dialéctica, como la rama más elevada de la filosofía. Hablando de la ética, dice:

> "En efecto, así como el sumo bien es superior a todas las demás cosas, [...] de la misma manera –no puede caber ninguna duda– la ciencia que se ocupa de él supera a las otras en utilidad y dignidad. [...] Pues, en la búsqueda de la bienaventuranza, ¿qué importancia puede tener el estudio de la gramática, de *la dialéctica* y de las demás artes?".[22]

---

19   Cf. nota 32.

20   *Dialgous inter philosophum, iudaeum et christianum*, (Trad. S. Magnavacca), Buenos Aires, Losada, 2003, p. 157 (de ahora en adelante se cita *"Dialogus"*).

21   *De ordine*, XIII, 38.

22   *"Quo enim summum bonum caeteris omnibus est excellentius* [...] *constat procul dubio ejus doctrina caeteras tam utilitate quam dignitate longe praecedere.* [...] *Quid enim ad studium grammaticae vel dialecticae vel caeterarum artium de vera hominis beatitudine vestiganda?"*, *Dialogus*, ed. cit., p. 154. Resaltado propio.

El papel conductor y la supremacía sobre las demás ciencias que la dialéctica tenía por su doble valor quedan aquí menoscabados, ya que el *Magister* sólo le ha atribuido una función instrumental. Así, siendo el Sumo Bien el objeto más elevado, la ciencia que lo estudie, esto es, la ética, también lo será en tanto ciencia.[23] Tal vez, después de acontecidos los graves episodios de su vida ya conocidos, entendió que la ética superaba, por su objeto, a cualquier otra disciplina filosófica. Por esa razón decidió dedicarse a ella en sus escritos finales.

Pero, a pesar de que la dialéctica no es más que una herramienta para el análisis y ascenso hacia la disciplina más digna de interés, si se ha de considerar únicamente el aspecto epistemológico, entonces ella sigue ocupando un lugar de privilegio.[24]

Ahora bien, estamos en condiciones de evaluar los resultados de la primera clave hermenéutica, esto es, si existe una diferencia entre los usos de los términos "dialéctica", "lógica" y "filosofía" dependiendo de los marcos teóricos de cada texto. Según lo que hemos visto, a pesar de que los textos analizados fueron escritos en relación con diferentes problemáticas filosóficas y dirigidos a diversos destinatarios, el valor que Abelardo les adjudica a estos términos no parece variar mucho. "Parece", decimos, porque esto es así sólo en principio. Es manifiesto que por "dialéctica" Abelardo se refiere, en todos los casos, a la disciplina de la lógica; lo cual significaría que la dialéctica no es sino una especie de la filosofía y no la filosofía misma. Sin embargo, también ha presentado la dialéctica como "la disciplina de las disciplinas", aquella que debe guiar a todas las *scientiae*, y fundamentalmente a la filosofía. Desde esta perspectiva, entonces, puede pensarse que la dialéctica está por encima de la filosofía. Y efectivamente esto es así, aunque no por sí misma, sino en lo que concierne al punto de vista epistémico y metodológico.

La dialéctica es el instrumento por excelencia de una filosofía que, en consecuencia, deviene una ciencia rigurosa regida

---

23 En este pasaje puede observarse que Abelardo, como en toda su obra teológica y ética, se muestra agustiniano al señalar que el objeto de estudio dignifica la ciencia que se ocupa de él.

24 Cf. Murillo, I., op.cit., p. 165.

por los principios de la razón expresados por la lógica. En este sentido, y sólo en este sentido, lejos está de ser una escuela de vida o un instrumento de la fe como la han visto no pocos pensadores medievales.[25]

Con todo, y más allá de lo que el *Magister* diga explícitamente –que es lo que hasta aquí hemos analizado–, será necesario indagar algunos aspectos que aparecen de manera sutil y que, no obstante, son de suma importancia para dilucidar qué entiende Abelardo por *"philosophia"*. Para ello deberemos valernos de la segunda clave hermenéutica: la figura del filósofo, pues las características que ésta posea darán una idea más o menos precisa de lo que Abelardo entiende por la disciplina madre de todas las ciencias.

La *"philosophia"* en la imagen del filósofo

Dialogus

De los cuatro personajes que aparecen en el *Dialogus* –el judío, el cristiano, el filósofo y Abelardo mismo, oficiando de árbitro– nos detendremos únicamente en el filósofo, no sólo porque su personaje resulte el más llamativo, sino también porque, como lo hemos anticipado, es una figura clave para nuestro análisis.

Su singularidad radica en las características de las que Abelardo lo ha dotado. Por una parte, el *philosophus* es un representante de la razón natural, que constantemente se vale de citas de los textos de la Antigüedad clásica para defender sus tesis. Ello conduce inmediatamente a creer que el filósofo no es más que la personificación de la sabiduría pagana griega o romana. Incluso, en un pasaje del *Dialogus*, el cristiano le recuerda que Agustín formó parte de "los suyos" antes de su conversión:

"Cristiano [al Filósofo]: ... Por su parte, Agustín, que fue primero vuestro y luego nuestro...".[26]

---

25 Entre los más representativos y cercanos a Abelardo podemos encontrar a An-selmo de Canterbury, como predecesor, y a Juan de Salisbury como discípulo.

26 "...*prius noster et postmodum vester Augustinus*...", *Dialogus*, ed. cit., p. 182.

A su vez, en cambio, este personaje admite creer en un único Dios,[27] provenir de la tribu de Ismael, y estar circuncidado,[28] rasgos característicos de un musulmán, especialmente de los representantes de la *Falsafa*. Recordemos que éstos eran pensadores disidentes de la ortodoxia islámica, que privilegiaban el conocimiento filosófico en detrimento del estrictamente teológico. En favor de esta hipótesis, Jolivet escribió un famoso artículo en donde pretende identificar al filósofo con el pensador musulmán Avempace.[29] Sin embargo, el filósofo del *Dialogus* demuestra conocer casi a la perfección no sólo el Antiguo Testamento, sino también el Nuevo, pero jamás hace siquiera una referencia al Corán.[30]

Otro dato, no menos relevante, es que la mayor parte de las afirmaciones que hace se corresponde casi por entero con las del mismo Abelardo en sus otras obras.[31] Las pocas ocasiones en que no es así, es corregido inmediatamente por el cristiano, al cual termina por darle la razón.

Ahora bien, lo que resulta más curioso es que nadie en la época de Abelardo reunía en sí tan dispares características. Así, una tercera manera de interpretar esta figura es aquella que resulta justamente de la consideración de la inexistencia de este personaje en la realidad. En consecuencia, requiere que sea comprendido como una figura literaria que, incluso, estaba permitida por las convenciones estilísticas de la época. Podemos arriesgarnos a afirmar que el *philosophus* no es sino el *alter*

---

27   *Ibid.*, p. 57.

28   *Ibid.*, p. 113.

29   Cf. Jolivet, J., "Abélard et le philosophe (Occident et Islam au douzième siècle)", en *Revue de l'histoire des religions*, CLXIV (1963), pp. 181-189.

30   Aquí el problema histórico que se nos presenta es saber si Abelardo tuvo o no acceso al Corán o, al menos, alguna noticia sobre éste. Sabemos que Pedro el Venerable contrató a los traductores de la *Collectio Toletana* unos meses después de la muerte de Abelardo, y no terminó de redactar y corregir sus obras apologéticas sino mucho después. Sin embargo, como señala Kritzek, es muy probable que el espíritu ecuménico y polémico del Abelardo haya influido sobre el enfoque del abad quien, de todos modos, había comenzado a preocuparse mucho antes por esta problemática. Cf. Kritzek, J., "De l'influence de Pierre Abélard sur Pierre le Vénérable dans ses oeuvres sur l'Islam", en *Abélard: Le 'Dialogus'. La philosophie de la logique*, Actes du Colloque de Neuchâtel, Secr. de l'Univertité, Neuchâtel, 1981, pp. 205-212.

31   Cf. a modo de ejemplo, *Dialogus*, ed. cit., pp. 203, 207 y 231, entre otras.

ego del mismo Abelardo, que le sirve para sostener sus propias tesis, puesto que antaño éstas se habían mostrado conflictivas para la Iglesia. De ser válida esta hipótesis de lectura, se comprende por qué es justamente el filósofo el que dice todo aquello que alguien que pretende no volver a ser condenado no puede decir.[32] Es un Abelardo cansado de discutir, que ya no quiere confrontar con nadie pero que, con todo, aún pareciera considerarse "el último filósofo que queda en el mundo", tal como se sintió en su juventud, testimoniado en el quinto capítulo de su *Historia calamitatum mearum*.

Son tres, entonces, las posibles identidades de este personaje: el *philosophus* es un filósofo de la Antigüedad clásica, o bien un musulmán, o bien Abelardo mismo. En cualquiera de los tres casos, no se equipara con un mero dialéctico, a menos que se piense que la actividad intelectual de éstos se reducía simplemente a cuestiones lógicas, lo cual no es cierto. Todos ellos fueron pensadores que trataron diversas cuestiones filosóficas, desde lógicas hasta éticas, pasando por metafísicas, antropológicas y gnoseológicas.[33]

Pero más allá de este personaje puntual, podemos observar que, a lo largo de la obra, Abelardo hace referencia a otros filósofos, tales como Aristóteles, quien en la época del Palatino era el lógico por antonomasia;[34] Séneca, el "máximo edificador de la moral";[35] o Boecio, autor identificado principalmente con sus comentarios a la *logica vetus*.[36] Sin embargo, a ninguno de ellos

---

32 De hecho, Abelardo fue condenado en dos oportunidades: en 1121 en Soissons, a la quema de su libro *De unitate et trinitate divina,* y en 1141, excomulgado en Sens, y obligado a quemar sus obras y guardar silencio. Para cuando escribe el *Dialogus,* muy posiblemente ya se habría llevado a cabo el concilio de Sens, puesto que en la obra aparecen algunas de las objeciones que le hiciera Bernardo de Clairvaux. Ésta es, además, una de las razones por las que, junto a la tradición de comentadores, hemos venido sosteniendo que posiblemente el *Dialogus* sea una de sus últimas obras, si no la última.

33 Si bien es cierto que resulta anacrónico presuponer esta división del conocimiento filosófico en el siglo XII, lo que se quiere explicar aquí es que tanto los filósofos antiguos, los musulmanes, como el mismo Abelardo, no restringieron sus campos de estudio únicamente a cuestiones lógicas.

34 *Dialogus*, ed. cit., p. 215 *et passim.*

35 *Ibid.*, p. 195.

36 *Ibid.*, p. 215 *et passim.* La *Consolatione philosophiae* también era conocida y respetada en la Alta Edad Media. Aun así, son pocas las veces que Abelardo se vale de una cita de esta obra en relación con la abundante cantidad de

llama *"philosophus"*. Si bien es posible que no lo hiciera por la simple razón de que habría sido una especie de redundancia, sea por ello o por algún otro motivo, lo cierto es que no lo hace. En cambio, sí utiliza el término "filósofo" para referirse a Agustín, Padre de la Iglesia;[37] a Sócrates, "primer gran maestro de filosofía moral";[38] e incluso –y esto resulta sumamente significativo– al personaje del cristiano en el *Dialogus*.[39]

Vemos, entonces, que la utilización del término "filósofo" no está necesariamente asociada a los dialécticos y mucho menos a los de su tiempo. Más aun, no se los menciona en ningún pasaje. Tenemos, en cambio, la certeza de que un cristiano, un Padre de la Iglesia y un moralista pagano sí son dignos de ser llamados "filósofos". Para ahondar en este punto nos deberemos preguntar cuáles son las características que debe tener alguien que se dedique a la filosofía. Veremos que éste se revelará como el auténtico cristiano y el portador de la Sabiduría divina. Para ello, volvamos a la *Invectiva*.

Invectiva

En los últimos párrafos de la carta, Abelardo realiza un juego lingüístico que nos resulta particularmente sugestivo. Dice:

"Por consiguiente, la Palabra del Padre, el Señor Jesucristo, denominado *Lógos* en griego, también se llama *Sophía* del Padre, y así parece referirse a aquella ciencia que en el nombre está unida a Él, y por cierta derivación a partir de *lógos* se llama lógica. Y, como a partir de Cristo surge el nombre de cristianos, así parece que a partir de *lógos* nace propiamente la palabra lógica. Y sus amantes tanto más verdaderamente se llaman filósofos cuanto son más auténticos amantes de aquella sabiduría superior. Suprema sabiduría del Padre supremo que, al vestirse de nuestra naturaleza para ilustrarnos con la luz de la verdadera

---

 citas de las obras lógicas de Boecio.

37 *Dialogus*, ed. cit., p. 197.

38 *Ibid.*, p. 217.

39 *Ibid.*, p. 183.

sabiduría y convertirnos del amor del mundo al amor de sí, nos hizo no sólo cristianos sino verdaderos filósofos".[40]

Este pasaje pone en estrecha relación la lógica con la filosofía y, a su vez, a ésta con Cristo y sus seguidores. Parece, entonces, que el filósofo es el cristiano. En palabras de I. Murillo, "los cristianos son auténticos cristianos porque son racionales; los filósofos, en la medida en que son racionales, vestidos con la armadura de la dialéctica, son cristianos".[41] La fe en el *Lógos*, que no es sino la razón de Cristo, es la que nos hace filósofos. Y si bien éste es un texto en defensa de la dialéctica –lo cual hace sospechar cierta arbitrariedad en el argumento– una idea similar se repite en la *Teología Cristiana*, cuando afirma que no es por el lugar de nacimiento sino por la fe que los gentiles fueron filósofos.[42]

Es verdad que en Abelardo permanece siempre el uso del término "filosofía" para designar una actividad confiada a la sola razón, cuyos procesos se ven mejor reflejados en la dialéctica.[43] Sin embargo, al final de la carta entra en juego otra palabra: "*lógos*", esa que la tradición evangélica le había atribuido a Cristo. Así, lo que está diciendo el Palatino es que la filosofía es el amor por la razón divina. No debe confundirse, sin embargo, con la concepción de la filosofía que entiende por ésta "*sapientia Dei*". Mientras que esta última se refiere al conocimiento de las cosas eternas, la concepción abelardiana apela a ver en Cristo

---

40 "*Cum ergo uerbum patris, Dominus Iesus Christus,* lógos *Graece dicatur, sicut et* sophía *patris appellatur, plurimum ad eum pertinere uidetur ea scientia quae nomine quoque illi sit coniuncta et per deriuationem quandam a* lógos *logica sit appellata et sicut a Christo christiani, ita a* lógos *logica proprie dici uideatur. Cuius etiam amatores tanto uerius appellantur philosophi quanto ueriores sint illius sophiae superioris amatores. Quae profecto summi patris summa sophia cum nostram indueret naturam ut nos uerae sapientiae illustraret lumine et nos ab amore mundi in amorem conuerteret sui, profecto nos pariter christianos et ueros effecit philosophos*", Invectiva, *PL.*, CLXXVIII, 355B.

41 Murillo, I., op. cit., p. 166.

42 "*...gentiles fortasse natione, non fide, omnes fuerunt philosophi.*", *Th.Chr.*, *PL.*, CLXXVIII, 1172A; y más adelante añade : "*... cum nos a vera sophia, hoc est sapientia Dei Patris, quae Christus est, Christiani dicamur, vere in hoc dicendi philosophi, si vere Christum diligimus...*", *ibid.*, 1179B.

43 Cf. Zerbi, op. cit., p. 34.

     Natalia Jakubecki

el fundamento de la lógica y en el cristiano, por consiguiente, el lógico, esto es, el filósofo.

Entonces, ¿es o no el filósofo abelardiano un dialéctico? Para dirimir esta cuestión, será necesario recurrir a un tercer texto: la confesión de fe que Abelardo le escribe a su Heloísa.

Confessio fidei Heloisae

Escrito inmediatamente luego del infausto concilio de Sens, y una de las últimas cosas que escribió además del *Dialogus*, en este documento Abelardo deja entrever su concepción de "filósofo" y, por ende, de la filosofía. Nos interesa fundamentalmente la primera parte, pues allí se autodeclara filósofo o, mejor dicho, reniega de ser lo que afirmó ser:

> "La lógica me volvió odioso al mundo, pues los envidiosos —pervertidos cuya sabiduría conduce a la perdición— dicen que soy el primero en la dialéctica, pero que en la doctrina de Pablo flaqueo no poco [...] Así, no quiero ser filósofo si por ello me rebelo contra Pablo. No quiero ser Aristóteles si por ello me aparto de Cristo".[44]

Aquí la filosofía aparece como opuesta a la sabiduría (*sapientia*) del verdadero cristiano. En esta serie de oposiciones (filósofo/Pablo, Aristóteles/Cristo), la filosofía y Aristóteles se hallan del mismo lado, enfrentados a los mayores representantes de la cristiandad. Lo que llama poderosamente la atención es que el *Magister* equipare a la filosofía toda con Aristóteles, quien para ese entonces sólo era un lógico. Esto sólo puede significar que Abelardo, quien aquí es el lógico, es por ello, también, filósofo. Porque la filosofía es, en definitiva, lógica, dialéctica.

Esto, sin embargo, parece entrar en conflicto con el resto de su pensamiento, y fundamentalmente con la *Invectiva*, en la cual "lógica" provenía directamente del *Lógos*, esto es, de Cristo.

---

44   "*...odiosum me mundo reddidit logica. Aiunt enim peruersi peruertentes, quorum sapientia est in perditione, me in logica prestantissimum esse, sed in Paulo non mediocriter claudicare* [...] *Nolo, nolo sic esse philosophus ut recalcitrem Paulo; nolo sic esse Aristoteles ut secludar a Christo*", Carta XVII, *PL.*, CLXXVIII, 375C, (de ahora en adelante se cita "*Confessio*").

Mientras que allí, entonces, el lógico era el cristiano, en la *Confessio* estas dos figuras aparecen diametralmente opuestas.

Para resolver esta paradoja, podemos pensar, junto con Zerbi, que para Abelardo existen dos concepciones diferentes del término "filósofo".[45] Ésta, que es objetada en su confesión, es la que concibe al filósofo igual que lo concebían sus adversarios: una persona que, con frecuencia, se muestra soberbia e inclinada a debatir con las Sagradas Escrituras. Si esto es ser filósofo, si éste es el destino de los discípulos de Aristóteles, Abelardo prefiere rehuir de su amada lógica, aquella que, según él, le creó no pocos enemigos. La otra acepción de "filósofo" es la de aquél que practica la *verdadera* filosofía, y que mantiene al hombre unido a Dios en su *Lógos*.

Esto, empero, no implica necesariamente que Abelardo adhiera al grupo de pensadores que ve la filosofía como *sapientia Dei*. Para él, la manera de hacer filosofía es mediante silogismos y demostraciones, de eso no cabe duda. Lo que critica es la actitud del filósofo, lo cual es muy diferente. Filósofo es quien, mediante la disciplina que nos permite alcanzar la verdad, llega a la Verdad o, al menos, a lo verosímil, pues ese parece ser el límite de la razón.[46]

Respecto a qué pensadores concretos son aludidos por Abelardo cuando se refiere a los "*philosophi*", debemos admitir que no queda del todo claro. Sin embargo, sabemos que éstos deben ser, ante todo, cristianos. Este término, aunque ambiguamente utilizado, puede aplicarse a todos aquellos que han vivido tanto conforme a la fe como a la *sophía* divina. Así, el nombre "filósofo" conviene, por una parte, a los pensadores clásicos y a los Santos Padres por igual;[47] por la otra, a Abelardo mismo, dialéctico, cuyo instrumento es una vía de acceso a la verdad cristiana.

---

45 Cf. Zerbi, op. cit., p. 37.

46 Cf. *Th.SB.*, ed. cit., III, 101.

47 Sobre el tratamiento puntual que Abelardo hace de los filósofos de la Antigüedad clásica se ha publicado recientemente el artículo de Valente, L., "'*Exhortatio*' e '*recta vivendi ratio*'. Filosofi antichi e filosofia come forma di vita in Pietro Abelardo", en el *L'antichità classica nel pensiero medievale*, a cura di A. Palazzo, FIDEM, Porto 2011, pp. 39-66 [Atti del convegno, *L'antichità classica nel pensiero medievale. Convegno SISPM*, Trento, 2010].

La *dialectica*: alcances y límites

Invectiva

Ahora bien, quizás el problema más espinoso en el pensamiento abelardiano no consista en determinar el valor de la dialéctica en relación con la filosofía, sino en el uso que Abelardo pretendía hacer de ambas. Una vez más, será la *Invectiva* la que dé el puntapié inicial.

A pesar de que hemos insistido desde el comienzo en el doble valor que Abelardo le otorga a la "dialéctica", se puede pensar que de ambos el más importante, al menos en el texto que ahora nos ocupa, es el instrumental. Pero no es así. Esta disciplina, de hecho, no se limita en modo alguno a individuar los falsos argumentos estableciendo extrínsecamente una simple confrontación entre determinadas afirmaciones y la verdad de la fe. En otras palabras, su tarea no es solamente una tarea argumentativa. Muy por el contrario, por el hecho mismo de enseñar a discernir entre argumentos, ella misma es positiva: contribuye de manera activa en la construcción del edificio filosófico y teológico.[48] Es gracias a ella que se pueden discernir los sofismas de los herejes de aquellos que sostienen la verdad de la fe, pues

> "...no sólo la diversidad de sentencias repercute en la dialéctica, sino también la multiplicidad de errores en la fe cristiana, puesto que los verborrágicos herejes, con las insidias de sus afirmaciones, arrastran a mucha gente sencilla hacia diversas sectas: al no haberse ejercitado de ningún modo en las argumentaciones, esta gente toma la semejanza por la verdad y la falacia por la razón. Peste contra la que los mismos doctores de la Iglesia nos animan a que nos ejercitemos en las disputas, a fin de que lo que no entendemos en las Escrituras no sólo lo se lo pidamos al Señor orando, sino también, alternativamente, lo busquemos disputando".[49]

---

48   Cf. Zerbi, op. cit., p. 34 y ss.

49   *"...non solum in dialectica diversitas incidit sententiarum, uerum etiam in fide christiana multiplicitas errorum, cum uerbosi haeretici assertionum suarum laqueis multos simplices in diuersas pertrahant sectas, qui nequaquam in argumentationibus exercitati similitudinem pro ueritate et fallatiam pro ratione suscipiunt. Aduersus quam pestem nos in disputationibus exercere*

Este arte de la disputa, que no es más que la dialéctica –y que no debe confundirse con la *disputatio* escolástica– es tan valiosa para el conocimiento de la verdad –natural o supranatural– que, según Abelardo, hasta el mismo Jesús la utilizaba para convertir a los judíos:

> "¿Quién ignorará finalmente que también el mismo Señor Jesucristo, en frecuentes disputas, convenció a los judíos y rechazó sus calumnias tanto por escrito como con la razón, y que contribuyó muchísimo a la edificación de la fe no sólo con el poder de los milagros, sino también en virtud de las palabras?".[50]

Por consiguiente, Abelardo parecería estar pensando en que la fe no sólo se vale de la oración, sino también de la dialéctica. Una vez más, siguiendo a Zerbi, afirmamos que, para el *Magister,* la dialéctica se trasciende a sí misma en tanto metodología externa y subsidiaria al acto de la fe, puesto que, al rechazar los errores, muestra al mismo tiempo la credibilidad de la fe misma.[51] Incluso podemos ir más lejos y pensar que al referirse a "la razón" sin más puede estar aludiendo directamente a la filosofía. Así, la filosofía en tanto *scientia* rigurosa, gracias a la guía de la dialéctica, opera en Abelardo al interior mismo de la estructura del acto de la fe consolidando las creencias con argumentos racionales.

Dialectica

Abelardo comienza, como ya hemos observado, manifestando su irritación por el hecho de que no se le deja practicar el arte dialéctico en relación con la lectura de las Escrituras:

---

ipsi quoque doctores aecclesiastici commonent ut quod non intelligimus in scripturis non solum orando petamus a Domino, uerum inuicem quaeramus disputando", *Invectiva, PL.*, LXXVIII, 354C.

50 *"Quis denique ipsum etiam Dominum Iesum Christum crebris disputationibus Iudaeos ignoret conuicisse et tam scripto quam ratione calumnias eorum repressisse, non solum potentia miraculorum, uerum uirtute uerborum fidem plurimum astruxisse?", ibid.,* 356A-B.

51 Zerbi, op. cit., p. 34.

 Natalia Jakubecki

"Pero resulta sorprendente que a mí no me sea lícito tratar lo que a ellos les está permitido leer, o que sea malo exponer algo que está permitido leer".[52]

Para defender a la dialéctica de las acusaciones que se le realizan en tanto opositora de la fe, nuestro filósofo utiliza dos argumentos diferentes,[53] aunados en un mismo razonamiento. Así, el primero de ellos dice:

"Pero si conceden que el arte <dialéctico> milita contra la fe, están confesando que la fe, sin duda alguna, no es ciencia. Ahora bien, la ciencia es la comprensión de las cosas, una de cuyas especies es la sabiduría, en la que consiste la fe. Ésta, efectivamente, es discernimiento de la honestidad o utilidad, y la verdad no se opone a la verdad. Pues así como no se puede imaginar que lo falso sea contrario a lo falso o lo malo a lo malo, tampoco lo verdadero puede oponerse a lo verdadero o lo bueno a lo bueno, sino que todas las cosas buenas en sí mismas son armoniosas y convenientes. Ahora bien, toda ciencia es buena, aun la que versa sobre el mal, la cual no puede faltar al justo".[54]

Nadie negaría que el conocimiento es bueno y que la dialéctica, en tanto conocimiento, es buena en sí misma. Además, y de igual modo en que lo había hecho en la *Invectiva*, afirma que no sólo el conocimiento que provee la dialéctica es legítimo, sino que es necesario.[55] Pero mientras que en la *Invectiva* hacía hincapié

---

52   *"At uero mirabile est cur non mihi liceat tractare quod eis permissum sit legere aut quid tractare sit malum quod legere sit concessum"*, *Dialectica*, ed. cit., IV, 1, § 469.

53   Notemos que, para defender la dialéctica frente a quienes sostenían que su uso en los asuntos de fe era abominable, Abelardo utiliza argumentaciones dialécticas. Fácilmente se le podría atribuir una petición de principio. Pero de ser esto así, sus adversarios estarían aprobando *de facto* el uso de la lógica, lo que haría que cayeran, a su vez, en una contradicción. Algo similar advierte Abelardo en el *Dialogus*. Cf. *Dialogus*, ed. cit., p. 62.

54   *"Si uero aduersus Fidem militare artem concedant, eam procul dubio non esse scientiam confitentur. Est enim scientia ueritatis rerum comprehensio, cuius species est sapientia, in qua fides consistit. Haec autem est honestatis siue utilitatis discretio; uetitas autem ueritati non est aduersa. Non enim sicut falsum falso uel malum malo contrarium potest reperiri, ita uerum uero uel bonum bono potest aduersari, sed omnia sibi bona consona sunt et conuenientia. Scientia autem omnis bona est, et ea quae de malo est, quae iusto deesse non potest"*, *Dialectica*, ed. cit., IV, 1, § 469.

55   Cf. *Ibid.*

en el deber estar alerta de los sofistas, aquí añade algo más. En efecto, continúa diciendo que ellos son cismáticos y alude a la importancia de la dialéctica para defenderse de ellos:

> "... la dialéctica [...] se muestra tan necesaria para la fe católica que nadie, sino el que se previene con ella, puede resistir a las razones sofísticas de los cismáticos".[56]

Así, la dialéctica se revela de tal manera necesaria para la fe que nadie está en condiciones de resistir los sofismas de los cismáticos si no es capaz de utilizarla. Es gracias a su ayuda que, en palabras de Murillo, "podemos superar las trampas del lenguaje tanto en la interpretación de la Biblia como en el discurso sobre Dios".[57] Esto implica que la exégesis puede, en tanto sea leída a la luz de la dialéctica, estar en manos de cualquier ser humano, pertenezca o no a la alta jerarquía eclesiástica.[58] Así, y en concordancia con la visión del filósofo como cristiano, Abelardo incita de manera directa a emplear la dialéctica en la teología, no para atacarla, sino todo lo contrario.

Sic et non

Esto es lo que hace precisamente en el *Sic et Non*. Allí presenta ciento cincuenta y ocho cuestiones suscitadas a partir de las discordancias (*diversa, non adversa*)[59] entre las sentencias de las autoridades de la Iglesia, principalmente de los Padres fundadores, por ser ellos quienes tenían la última palabra en la exégesis. Lo que procura demostrar con ello es que los artículos de la fe bien podían expresarse como proposiciones lógicamente consistentes, a pesar de las interpretaciones disímiles

---

56   *"Quae fidei quoque catholicae ita necessaria monstratur, ut schismaticorum sophisticis rationibus nullus possit, nisi qui ea praemuniatur, resistere"*, *ibid*, § 470.

57   Murillo, I., op. cit., p. 162.

58   Ésta es, a todas luces, una de las razones por las que Abelardo fue condenado en dos concilios. Su pensamiento era peligroso no tanto dogmática como políticamente. Para ampliar sobre este tema véase Bacigalupo, L., *Intención y conciencia en la ética de Abelardo*, Perú, Univ. Pontificia católica del Perú, 1992, Introducción; y Jolivet, J., *Abelardo. Dialettica e misterio*, Milano, Jaca Book, 1996, cap. 3.

59   Cf. *Sic et non*, *PL.*, CLXXVIII, 1139A.

        NATALIA JAKUBECKI

que se daban entre las mismas autoridades, y que incluso son pasibles de ser arbitradas dialécticamente por la sentencia del maestro.

Al ser dos las principales fuentes teológicas, la *Sacra pagina* y las *auctoritates*, los criterios de exégesis para cada una son diferentes. Si en la primera encontramos afirmaciones discordantes o confusas, fundamentalmente en la lectura alegórica,[60] lo que debemos hacer, dice el *Magister* es, ante todo, dudar de nuestra capacidad de comprensión, pensar que es nuestra interpretación la incorrecta y no que el Libro Sagrado contiene errores.[61] Pero, si por el contrario, lo que resulta oscuro es la palabra de la autoridad, estamos en condiciones de rebatirlas con argumentos dialécticos. Si bien es posible que, como sucede con las Escrituras, seamos nosotros los faltos de inteligencia como para comprenderlos, también puede ocurrir que ellos hayan hablado por ignorancia o faltos de Espíritu de profecía.[62] Y esto es así porque, para Abelardo, como muy bien explica Murillo, también las *auctoritates* "han de ser juzgadas según las razones que aportan".[63]

Así, lo más importante para señalar es que, ante todo, lo que está haciendo nuestro autor es instar a resolver los conflictos teológicos a partir del uso de la *ratio* –y de la dialéctica como su más fiel representante–, en evidente detrimento de la sola apelación a la autoridad. Y al intentar encontrar un método riguroso que garantice la corrección de la interpretación, Abelardo termina por concederle a la dialéctica un lugar preeminente en la exégesis bíblica y, por tanto, en la teología.

---

60   La lectura de las Sagradas Escrituras comprendía tres niveles: el histórico, que buscaba la concordancia lógica de los acontecimientos bíblicos; el alegórico, por medio del cual se crea un sistema metafórico para representar un pensamiento complejo y experiencias históricas reales en concordancia con los acontecimientos de la Historia de la Salvación; y el tropológico, del cual se pretenden extraer consecuencias morales para la vida terrena. De estos tres niveles, sólo podía discutirse abiertamente el primero, estando reservada la interpretación e incluso el glosado de los dos últimos a la alta jerarquía eclesiástica. Aun así, ésta depende, siempre y en todo momento, de la palabra de las *auctoritates*. Cf. Bacigalupo, L., "Pedro Abelardo: un esbozo biográfico", en *La filosofía medieval* (comp. F. Bertelloni), Madrid, Trotta, 2002, p. 101.

61   Cf. *Sic et non*, *PL.*, CLXXVIII, 1340D-1341A.

62   Cf. *ibid.*, 1345A.

63   Cf. *ibid.*, 1345C.

Estos requerimientos de exégesis que había descrito en el *Sic et non* siguieron manteniéndose hasta el final de su vida. Tal como afirmará años más tarde en el *Dialogus*:

"Si no se hubiera de anteponer el juicio de la razón, que por naturaleza es anterior, se deberían aceptar, indiferentemente, las opiniones de todo lo escrito. También aquellos que merecieron la autoridad, adquirieron esta estima por la cual se les cree, porque escribieron fundándose en la razón".[64]

A tal punto Abelardo estaba convencido de la validez e, incluso, la necesidad de las argumentaciones dialécticas en los asuntos de la fe, que escribió un argumento en el cual prueba, dialécticamente, la imposibilidad de que la fe sea ciega a los dictados de la razón:

"Si, para no perder su mérito, la fe no debe ser discutida por la razón, [...] no tendría ninguna importancia aceptar cualquier error sembrado por la predicación: no estaría permitido rechazar nada con la razón, desde el momento en que no es lícito recurrir a ella. Si un idólatra nos viniera a contar que una piedra o una madera son el verdadero Dios, [...] ¿quién estaría en condiciones de impugnar lo que dice si no se debe examinar con la razón nada que se refiera a la fe? [...] inmediatamente, el cristiano quedará atrapado en su misma argumentación defensiva. Si afirma que las argumentaciones racionales no deben ser escuchadas, prohíbe con ello que alguien aplique correctamente la razón en el campo de la fe en contra del idólatra, pero al mismo tiempo, de esa manera, no se permite él mismo hacer uso de ella".[65]

---

64   *"Sed prout quisque propria ratione deliberat, singuli quas sectantur auctoritates eligunt. Alioquin indifferenter omnium Scripturarum sententiae essent suscipiendae, nisi ratio, quae naturaliter prior eis est, de ipsis prius haberet judicare"*, Dialogus, ed. cit., p. 164.

65   *"Si enim fides ratione minime sit discutienda [...] quoscunque errores praedicatio seminet, suscipere nihil refert, quia nihil licet ratione refellere, ubi rationem non licet adhibere. Dicat idololatria de lapide vel ligno vel qualibet creatura: Hic est Deus verus [...] quis eum valebit refellere, si de fide nihil sit discutiendum ratione? [...] Statim Christianus ex ipsa sua defensione confundetur, dicens ejus penitus rationes in talibus audiendas non esse, ubi eas ipse penitus induci prohibet, nec eum aliquem rationibus de fide recte impugnari minime permittit"*, ibid., p. 162.

Conclusiones

Como hemos podido observar, respecto del doble valor de la dialéctica —esto es, intrínseco e instrumental— se debe notar que muchas veces Abelardo ha privilegiado uno u otro dependiendo de los requerimientos argumentativos del contexto de producción. Así, en los escritos lógicos principalmente, destaca el valor intrínseco de la dialéctica y su independencia e, incluso, primacía, por sobre cualquier rama del conocimiento; en los morales o teológicos como el *Dialogus* o el *Sic et non*, en cambio, privilegia el valor instrumental. Por otra parte, es notable el hecho de que en más de una oportunidad las características que le atribuye a la dialéctica son, ciertamente, las que tradicionalmente se le ha otorgado a la filosofía como, por ejemplo, ser la "disciplina de las disciplinas".

Si bien no caben dudas de que para Abelardo la filosofía es una *scientia* y no el camino de la sabiduría, no por ello es fácil explicar en qué consiste esa ciencia y mucho menos si se la pone, tal como el autor mismo lo ha hecho, en directa relación con la dialéctica. En efecto, si se quisiera dar una definición terminante, se estaría sesgando necesariamente la riqueza de su concepción. Para resolver el interrogante de manera satisfactoria, creemos que lo más acertado sería pensar en dos acepciones de "dialéctica". La primera, que podríamos llamar "dialéctica" en sentido estricto, identifica a ésta con la lógica, fundamentalmente como método derivativo y argumentativo, tal como se la entendió en los siglos altomedievales anteriores a la escolástica. La otra acepción, en cambio, se refiere más bien a la dialéctica en un sentido amplio, concibiendo ésta como filosofía ya que, aunque Abelardo se guarda muy bien de distinguir la dialéctica (lógica) de la filosofía, estas precisiones están dadas principalmente a nivel terminológico. A nivel práctico, empero, la filosofía deviene dialéctica, porque hacer filosofía es valerse del arte disputativo para esbozar cualquier forma de argumentación, ya sea ésta moral, física o, incluso, lógica. Además, siguiendo las huellas de Agustín, sostiene que es precisamente en la dialéctica donde la razón se descubre.[66]

Esta idea queda reforzada por la concepción de "filósofo" que Abelardo parece tener. Si bien es cierto que en ninguna de sus obras identifica a los dialécticos con los filósofos, sí se ha visto él mismo –que escribe "con frecuencia sobre el arte dialéctico"[67] y sobre lógica– con uno de ellos. Y a pesar de que en el *Dialogus* puede pensarse en una identificación del personaje del filósofo con los Padres de la Iglesia, o bien con los gentiles guiados por la ley natural, en el resto de sus obras el filósofo siempre ha sido considerado por Abelardo de otra manera. Éste es aquel para quien el saber no puede sino provenir de un ingenio que aplique una *scientia* estricta, una ciencia que garantice la certeza de sus afirmaciones, como deja entender principalmente en la *Invectiva* y la *Dialectica*. A su vez, es un dialéctico a quien la teología debe recurrir para sostener sus afirmaciones y transformar sus creencias en conocimiento, lo cual queda demostrado en el proemio del *Sic et non*.

En consecuencia, a la caracterización tradicional –y principalmente monástica– de la filosofía como contemplación de Dios y de las cosas divinas que aún en el siglo XII estaba vigente, Abelardo opone, pues, un sentido moderno, si se nos permite la expresión. Un sentido de "filosofía" que, *por momentos*, aparece despojado de las connotaciones religiosas inauguradas por la tradición platónico-agustiniana.

Puede pensarse, entonces, y a modo de conclusión, que Abelardo no *confunde*, como sugiere Gilson, sino que *concibe* a la filosofía como la *scientia* misma, y a la dialéctica, como la única manera de hacer filosofía, sea su objeto la argumentación, la conducta humana o el Bien Supremo.

Natalia Jakubecki

Universidad de Buenos Aires

---

66   Cf. nota 16.
67   Cf. nota 17.

Bibliografía

Fuentes

Logica ingredientibus, ed. B. Geyer, Peter Abaelardus, *Philosophische Schriften, Beiträge zur Geschichte der Philosophie des Mittelalters,* Münster im, Westfalia, 1919.

Dialéctica, First complete edition of the Parisian manuscript. With an introduction by L.M. de Rikj, Assen, Van Gorkun, 1970.

Dialgous inter philosophum, iudaeum et christianum, Ed. bilingüe, Trad. Magnavacca, S., Buenos Aires, Losada, 2003.

Opera omnia, ed. J. P. Migne, en *Patrologia Latina,* vol. 178, Paris, 1885.

Theologia Summi Boni, eds. E. M. Buytaert y C. J. Mews. (Corpus Christianorum Continuatio Mediaevalis XIII), 1987.

Lecturas complementarias

Gilson, E., "Logicismo y filosofía" en *La unidad de la experiencia filosófica,* Madrid, Rialp, 2004, 5ta edición.

Gregory, T., "Abélard et Platon", en E. M. Buytaert (ed.), *Peter Abelard. Proceedings of the International Conference Louvain, May 10-12, 1971,* Leuven–The Hague, Leuven University Press, 1974, pp. 38-64.

Jolivet, J., *Arts du langage et théologie chez Abélard,* Paris, Vrin, 1981.

————, "Abélard et le philosophe (Occident et Islam au douzième siècle)", en *Revue de l'histoire des religions* CLXIV (1963), pp. 181-189.

————, "Doctrines et figures de philosophes chez Abélard", en R. Thomas (ed.), *Petrus Abaelardus (1079-1142). Person, Werk und Wirkung* (Trierer Theologische Studien, 38), Trier, Paulinus Verlag, 1980 (rist. en J. Jolivet, *Aspects de la pensée médiévale: Abélard, Doctrines du langage* [Reprise], Paris, Vrin, 1987), pp. 103-120.

Magnavacca, S., *Léxico técnico de filosofía medieval,* Buenos Aires, Miño y Dávila editores, 1ra edición, 2005.

Murillo, I., "Actitud de Pedro Abelardo ante la dialéctica en su *Invectiva.* Relaciones entre dialéctica, teología y ética" en *Cuadernos salamantinos de filosofía,* n° 22 (1995), pp. 159-174.

Santiago Otero, H., "El término 'teología' en Pedro Abelardo", en *Sprache und Erkenntnis im mittelalter,* II, Akten des VI internationalen Kongresses für mittelalterliche Philosophie de la Societé internationale pour l'étude de la philosophie médiévale, 29 august- 3 september 1977, Bonn, pp. 881-889.

Spinelli, M., "A dialéctica discursiva de Pedro Abelardo" en *Veritas*, v. 49, nº 3 (2004), pp. 437-447.

Valente, L., "'*Exhortatio*' e '*recta vivendi ratio*'. Filosofi antichi e filosofia come forma di vita in Pietro Abelardo", en el *L'antichità classica nel pensiero medievale*, a cura di A. Palazzo, FIDEM, Porto, 2011, pp. 39-66 [Atti del convegno, *L'antichità classica nel pensiero medievale. Convegno SISPM*, Trento, 2010].

Zerbi, P., *"Philosophi" e "Logici". Un ventennio di incontri e scontri: Soissons, Sens, Cluny (1121-1141)*, Milano, Vita e Pensiero, 2002.

　Natalia Jakubecki

Ramon Llull
O los múltiples rostros de la
PHILOSOPHIA

s imposible hablar de la filosofía de Ramon Llull[1] sin hacer alguna referencia, por mínima que sea, a las extraordinarias circunstancias de su conversión y al descubrimiento de su misión. Afortunadamente, los rasgos sobresalientes de su leyenda, extendida, divulgada y hasta exagerada por sus discípulos, han quedado plasmados en su autobiografía, *Vida Coetánea*. En este texto de 1311, la mano de un monje cartujano de Vauvert escribió, con la aprobación del propio Llull, que una noche de 1263, mientras éste redactaba un poema para una ignota cortesana, se apareció ante él el Cristo en la cruz del calvario.[2]

---

1   Si bien también es conocido como "Raimundo Lulio", en español, o "Raimundus Lullus", en latín, a lo largo del texto hemos preferido conservar su nombre original en catalán, idioma en el cual "Ramon" se escribe sin acento.

2   *"...sedebat nocte quadam iuxta lectum suum paratus ad dictatum et scribendum in suo vulgari unam cantinelam de quadam domina, quam tunc amore fatuo diligebat. Dum igitur cantinelam*

La Cristofanía, que se repetiría cinco veces, acabará por convencer al joven Ramon de tomar una decisión que habría de dar un nuevo sentido a su –hasta entonces y según él– deplorable existencia. Dedicaría su vida a Dios[3] a través del cumplimiento de tres objetivos: primero, dar la vida por Cristo, es decir, se esforzaría constantemente por difundir el cristianismo, aun si ello implicaba el martirio; segundo, escribir "el mejor libro del mundo" para refutar racionalmente los errores de los infieles; y, tercero, acudir al papa y a los reyes y príncipes cristianos para incitarlos a fundar monasterios que funcionaran como *studia linguarum*. Éstos eran concebidos como centros de estudio donde se habría de enviar a los monjes de vocación misionera –principalmente franciscanos– para aprender las lenguas de los infieles: árabe, hebreo, griego y las variantes de los tártaros.[4]

Tras nueve años de una exhaustiva preparación, Dios le revelará aquello que se convertirá en el núcleo de su sistema: el *Ars magna*.[5] Se trataba de una herramienta bajo cuya égida se volvía posible el sueño de no pocos misioneros: llevar a los infieles hacia el cristianismo exclusivamente por medio de la

---

    predictam inciperet scribere, respiciens a dextris vidit dominum Iesum Christum tanquam pendentem in cruce; quo visu timuit, et relictis que habebat in minibus, lectum suum, ut dormiret, uintravit" (*Vita Coaetanea*, OL, 2).

3   *"In quarta ergo vel etiam quinta vice, sicut plus creditur, eadem apparitione sibi facta territus nimium lectum suum intravit, secum tota illa nocte cogitando tractans quidnam visions iste tociens iterate significare deberent. Hinc sibi quandoque dictabat conscientia, quod apparitions ille nichil aliud pretendebant, nisi, quod ipse mox relicto mundo domino Iesu Christo ex tunc integer deserviret [...] et sic intellexit tandem certissime Deum velle quod Raymundus mundum relinqueret Christoque corde ex tunc integre deserviret"* (*Vita Coaetanea*, OL, 4).

4   *"...quod melius sive maius servitium Christo facere nemo poste, quam pro amore et honore suo vitam et animam dare [...] quod ipse facturus esset postea unum librum, meliorem de mundo, contra errores infidelium [...] quod iret ad papam, ad reges etiam et principes cristianos, ad excitandum eos [...], quod constituerentur [...] monasteria, in quibus electae personae religiosae [...] ponerentur ad addiscendum praedicatorum Saracenorum et aliorum infidelium linguagia..."* (*Vita Coaetanea*, OL, 5, 6, 7).

5   Con la expresión *"Ars magna"*, sin más, se indica el *Ars* en sus diversas versiones. Llull no concibe ruptura alguna, ni mucho menos, contradicción entre las primeras formulaciones de su *Ars* y las últimas. Todo el *Ars* se despliega como en un *continuum*, que lleva a su simplificación y perfección.

      JULIÁN BARENSTEIN

razón. Es este *Ars*, en sus diferentes versiones,[6] el que dirigirá el discurrir de la filosofía luliana, le inspirará su carácter y será su propio suelo nutricio.

Así, nos proponemos investigar aquí si el concepto luliano de *philosophia*, a pesar de recibir diversos tratamientos en los textos no artísticos[7] del filósofo mallorquín, puede ser identificado o no con el de *Ars magna*, atendiendo fundamentalmente a cómo este sistema es expuesto en la última de las obras artísticas: el *Ars generalis ultima*. De este modo, en el tratamiento del concepto en cuestión, Llull hace pasar —según creemos— a la *philosophia* por varios estadíos, tanto sucesivos como paralelos, durante los cuales ésta resulta caracterizada como gentil (*gentilis*), natural (*naturalis*), como un arte (*ars*),[8] como artificial (*artificialis*), como sierva de la teología (*ancilla theologiae*), y como divina (*divina*).

---

6   El profesor Anthony Bonner ha dividido el desarrollo del Arte en cuatro fases o etapas. En esta división, tiene en cuenta que, a pesar de que no todas las obras de Ramon versan específicamente sobre el Arte, todas ellas se refieren a una u otra de las versiones del mismo, actuando al modo de los satélites que orbitan alrededor de un gran astro. La primera es la fase pre-artística, que comprende los años 1272-1274, es decir, los dos últimos años de lo que hemos identificado como su período de formación, que culmina con la revelación del Arte en el monasterio del monte Randa. Si bien esta etapa es llamada "pre-artística", en la misma, Llull, escribió obras relacionadas al origen del Arte. La segunda etapa inicia el período artístico y se divide en dos fases. La primera fase es la "cuaternaria" y comprende los años 1274-1289, es decir, los que van desde la revelación hasta el primer intento de enseñar el Arte en París. Esta fase divide en dos ciclos, siguiendo dos obras fundamentales de Llull. El ciclo del *Ars compendiosa inveniendi veritatem,* que va desde 1274 a 1283, y el ciclo del *Ars demonstrativa,* entre 1283 y 1289. Este último período se caracteriza por el perfeccionamiento y aplicación del Arte. La segunda fase de la etapa artística es la "ternaria", va desde la redacción del *Ars inveniendi vertitatem* hasta el *Ars brevis,* y comprende los años 1290-1308. Este período se caracteriza, dejando de lado la simplicidad, por la aplicación del Arte a todas las ciencias y la síntesis final del mismo. La última etapa es la "post-artística" y comprende los años 1308-1315 y su nota principal es la campaña anti-averroísta iniciada por Llull en París alrededor de 1308-1311 (cf. Bonner, A., *The Art and Logic of Ramon Llull, A user's guide,* Leiden Boston, Brill, 2007, pp. 10-34).

7   Por "textos no-artísticos" entendemos aquí textos que no tengan como fin último la exposición de los fundamentos y mecanismos del *Ars magna,* aunque los supongan.

8   De aquí en más reservamos *ars* (en minúscula) para referirnos a las artes del *trivium* y el *quadrivium* y *Ars* (en mayúscula) para el *Ars magna.*

Filosofía gentil

Desde sus primeras obras Ramon toma posición respecto de cuál es la función que ha de cumplir la filosofía. Ya en 1274 lo encontramos escribiendo un libro destinado a ser "el mejor del mundo contra los errores de los infieles". Encara la tarea convencido de que el tiempo de los profetas –en el que la gente estaba apta para creer– y el de los apóstoles –cuando el pueblo se convertía por medio de milagros– habían dado lugar al tiempo en que las personas pedían argumentos necesarios (*rationes necessariae*) y convincentes.[9]

El texto, que recuerda al *Cuzarí* del judío Yehudá ha-Leví y al *Diálogo entre un filósofo, un judío, y un cristiano* de Pedro Abelardo, será escrito en catalán y pasará a la posteridad bajo el título de *Libro del gentil y los tres sabios* (*Libre del gentil e les tres savis*). En él se relata la historia de un joven gentil que, a pesar de ser experto en filosofía, carecía de conocimientos teológicos. Así pues, obedeciendo a los caminos de la argumentación luliana, se presenta al gentil como creyendo que no hay nada después de la muerte y entristecido por la conciencia de ello. Absorto y desesperado, parte a un ignoto y lejano país, buscando la tranquilidad de ánimo necesaria para reflexionar sobre los asuntos que tanto le preocupan. En el andar de su peregrinaje, junto a una fuente adornada con cinco árboles muy extraños, se encuentra con tres sabios, uno de ellos judío, otro cristiano y, el tercero, sarraceno. Más tarde, llegará hasta aquella fuente una dama muy bella llamada "Inteligencia" (*Intel.ligència*) que los instruirá acerca de esos extraños árboles y sus flores, que simbolizan los principios o Dignidades (*Dignitates*) del Arte en su primera presentación, de 1274 (la del *Arte abreviada de encontrar la verdad*, escrito primero en catalán bajo el nombre de *Art abreujada d'atrobar veritat* y traducido rápidamente al latín con el de *Ars compendiosa inveniendi veritatem*). Estos principios son Bondad, Grandeza, Eternidad, Poder, Sabiduría, Voluntad, Virtud, Verdad, Gloria, Perfección, Justicia, Generosidad, Simpleza, Nobleza, Misericordia y Dominio (*Bonitas, Magnitudo,*

---

9   Cf. *Felix de les meravelles del món*, 12.

                                    Julián Barenstein

Aeternitas, Potestas, Sapientia, Voluntas, Virtus, Veritas, Gloria, Perfectio, Iustitia, Largitas, Simplicitas, Nobilitas, Misericordia y *Dominium*). Se trata del conjunto de atributos de la divinidad que Llull supone indiscutiblemente aceptados por las tres religiones del Libro.[10]

Después de poner de manifiesto aquello en lo que el judío, el cristiano y el musulmán concuerdan, cada uno de los sabios explicará los fundamentos de su fe, tomando como guía los principios de los árboles y sus flores, las cuales representan algunos conceptos derivados de las Dignidades divinas. Una vez terminados los discursos, el gentil agradece a los sabios aunque no declara cuál de las tres religiones elegirá.[11] Llull, anunciando el gesto que Boccaccio plasmará en el cuento de los tres anillos,[12] no postula ninguna como mejor que las otras. Con todo, y a pesar de no haber acuerdo unánime en este punto, creemos que Ramon, haciendo uso no sólo de argumentos sino también de términos muy sutiles, quita firmeza a las exposiciones del judío y del sarraceno, para poner en evidencia que la religión cristiana es la única que puede ser probada filosóficamente.[13]

---

10   La eficacia del Arte no solo reside en sus fundamentos, que a juicio de Llull son aceptados por judíos, cristianos y musulmanes, sino también en que en su puesta en acto, lenguaje y realidad no determinan dos planos diferentes y autárquicos. Por el contrario, el método de Llull encierra un procedimiento lógico, gnoseológico y ontológico al mismo tiempo porque está fundado tanto en exigencias del entendimiento humano, como en exigencias de la realidad. En el plano del Arte, el *modus intelligendi* resulta condicionado por el *modus essendi*, lo cual posibilita un nuevo *modus significandi*.

11   Cf. *Libre del gentil e los tres savis*, OE, v. 1, pp. 1057-1138.

12   Cf. *Decamerón*, I, III.

13   Compárense, por ejemplo, las diferencias entre los proemios programáticos del judío, el cristiano y el sarraceno (el resaltado es mío).

    [Discurso del judío]

    "Al començament lo jueu fiu sa oració, e dix: —En nom del poderós Déus un, en lo qual és nostra esperanza qui.ns delliure de la cautividad en què som—. E quan hac finida sa oració, ell dix que.ls articles en los quals ell creïa eren vuit, ço és a saber: primer article és creure un Déu tan solament; segon article és creure que Déus és creador de tot quant és; terç article és creure que Déus donà la lig a Moisés; quart article és que Déus tramerà Messias qui.ns traurà de la captivitat en què som; cinquè article és de resurrecció; sisè és del dia del jués, quan Déus jutjarà bons e mals; setè és creure en la celestial glòria; vuitè és creure infern ésser. Quan lo juez hac recontats sos articles, adonis començà al primer article" (Libre del gentil el les tres savis, OE I, II, pp. 1072, 1073).

Es por ello que en tanto que pueda ser identificada meramente con la argumentación racional –y atendiendo a que no
se nos dice nada explícitamente acerca de ella a excepción de
que el gentil era un filósofo[14]– la noción de filosofía que presenta

[Dicurso del cristiano]
*"Lo crestià s'ajonollà e besà la terra, **e levà sa pensa a Déu**, e sos ulls e ses
mans al cel. Denant sa faç féu lo senyal de la creu dient aquestes paraules:
—En nom del Pare del Fill e del sant Esperit, un Déu en trinitat, e trinitat
en unitat—. Quan lo crestià hac feitareverència a la unitat e trinitat divinal,
altra vegada féu lo senyal de la creu, e a honor de la humanitat de Jesucrist
dix aquestes paraules: —Adoramos te, Christe, et benedicimus tibi, quia per
crucem team redemisti mundum—.*
*Quan lo crestià hac feita sa oració, ell dix que los articles de sa lei eren catorze,
dels quals són set qui pertanyen a la natura divina, e set qui pertanyen a la
natura humana de Jesucrist —aquelles que pertanyen a la natura divina, són
aquests: Un Déu, Pare, Fill, sant Esperit, creador, recreador, glorificador. Los
set articles qui pertanyen a la humanitat de Jesucrist, són aquests: Jesucrist
concebut de san Esperit, nat de verge, crucificat e mort, davallà als inferns,
resucita, pujà als cels, vendrà a jutjar bons e mals el dia del judici—.*
*Enans que.l crestià començàs a **provar sos articles**, dix questes paraules al
gentil: —Sàpies, gentil, que **los articles de nostra fe són alts e tan difícil
a creure e a entendre, que tu no.ls poràs entendre, si totes les forces de
ton enteniment e de ta ànima** no mets a entendre las raons per les quals
jo entén a provar los articles damunt dits. Com moltes vegades s'esdevé
que hom suficientement prova alcunes coses, mas car aquella qui hom fa la
provació no ho pot entendre, apar a aquell que hom no dóna provança de ço
que és **provable**—" (Libre del gentil el les tres savis, OE I, III, p. 1090).*

[Discurso del sarraceno]
*"Quan lo Sarriá viu que hora e temps era que ella parlàs, adonis, se n'anà
a la font e lavà's ses mans, e sa cara, e sese orelles, e son nas, e sa boca; e
enaprés se lavà sos peus e alcuns altres locs de sa persona, a significança de
l'original pecat e ne nedeetat de coratge. Enaprés estès son cap en la terra, e
ajonollà's tres vegades posant son cap en terra e besant la terra, e levant son
cor e ses mans e sos ulls al cel, dient aquestes paraules: —En nom de Déu
misericordias, misericordejant, al qual sia donada laor car és senyor del
món. En ell ador e en ell confiï, car ell és endreçament de la dreta carrera de
salud—. Moltes d'altres paraules dix lo Sarriá, segons que havia acostumat
en sa oració.*
*Lo Sarriá dix al gentil, aprés que hac finida sa oració, que los articles de sa
lig són dotze, ço és a saber: Creure en un Déu. Creador. Mafumet ésser profeta.
L'Alcorà ésser lig donada de Déu. Ésser demanat per l'àngel al home mort,
quan és soterrat, si Mafumet és missatge de Déu. Morran totes coses, exceptat
Déu. Resurrecció. Serà Mafumet exoít al dia del judici. Retrem compte a Déu
al dia del judici. Seran posats los mèrits e les colpes. Passaran per la carrera.
E lo dotes article és creure paradís e infern ésser" (Libre del gentil el les tres
savis, OE I, IV, pp. 1118, 1119).*

14   Con un proceder similar, Ramon escribe en 1287 el *Liber super psalmum qui-*

el *Libro del gentil y los tres sabios* es borrosa, si es que cabe el término. Pero aun así se circunscribe a un ámbito de aplicación muy limitado y, por lo dicho hasta aquí, obvio: la demostración racional del cristianismo. Paradójicamente dicha circunscripción es lo que quita nitidez a la concepción de esta disciplina, puesto que provoca que ella se resuelva (o no) como un híbrido entre lógica y teología. Sin límites definidos, la *philosophia* hace las veces de puente entre el pensamiento del *homo gentilis*, a quien ésta le corresponde propiamente, y el del *homo religiosus* –o, mejor aun, *christianus*– aquél en quien se convertirá *philosophice et rationabiliter*.

Filosofía natural

Más allá de los auspicios positivos aunque ambiguos en referencia a la noción luliana de *philosophia*, habrá que esperar nueve años para que Llull le dedique una obra completa. En 1283 escribe el *Libro de los principios de la filosofía* (*Liber principiorum philosophiae*), acompañado por otros dos, animados por idéntico espíritu: el *Libro de los principios del derecho* (*Liber principiorum iuris*) y el *Libro de los principios de la teología* (*Liber principiorum theologiae*). En estas tres obras el propósito de Ramon es someter las disciplinas mencionadas –la filosofía, el derecho y la teología– a un compendio y sistematización últimos bajo la égida de los principios y mecanismos del *Ars magna*.

Las tres obras sobre los principios tienen una estructura similar a las que versan estrictamente sobre el Arte,[15] pero en cada una de ellas a los principios universales de éste se le

---

cunque vult sive Liber de tartari et christiani. En el mismo, y como su título anticipa, se relata la historia de un tártaro, ligado al culto a los ídolos, pero erudito en *philosophia*. En el texto las referencias a esta disciplina son prácticamente idénticas a las del *Libre del gentil e les tres savis*, pero a diferencia de lo que sucede en este último, en el *Liber de tartari...* la argumentación del cristiano se inicia en el terreno de la filosofía natural, mayormente sobre la teoría de los elementos, para recién después deslizarse hacia la demostración racional de las dignidades divinas, los sacramentos, los artículos de fe, etc. (cf. *Liber super psalmum quicunque vult sive Liber de tartari et christiani*, III, 1 *et passim*).

15 Las del ciclo del *Arte demostrativa* (*Ars demonstrativa*) de 1283. Para más detalles ver nota nº 6.

agregan los principios particulares de cada ciencia. Asimismo, el mecanismo combinatorio de aquél se mantiene intacto, pero —como era de esperar— los principios sometidos a combinación no son sólo los universales, sino que a ellos se suman los de las ciencias mencionadas.

Los principios que Llull incluye en el *Libro de los principios de la filosofía* como propios de la disciplina son: Causa Primera, Movimiento, Inteligencia, Mundo, Forma Universal, Materia Universal, Naturaleza, Elementos Simples, Apetito, Potencia, Hábito, Acto, Mezcla, Digestión, Composición y Alteración (*Prima Causa, Motus, Intelligentia, Orbis, Forma Universalis, Materia Prima, Natura, Elementa Simplicia, Appetitus, Potentia, Habitus, Actus, Mixtio, Digestio, Compositio* y *Alteratio*). Se trata de dieciséis principios que resumen, en su opinión, todos los conocimientos referentes a la *philosophia naturalis*, es decir, a la filosofía entendida como una ciencia de la naturaleza. La ordenación de estos principios no es casual, obedece a una escala de mayor a menor siguiendo un criterio que tiene como base el concepto de *causalidad*. Asimismo, al igual que en gran parte de sus obras, Llull los distribuye en una serie de figuras geométricas que facilitan su demostración y combinación. En este caso, en solo dos figuras:

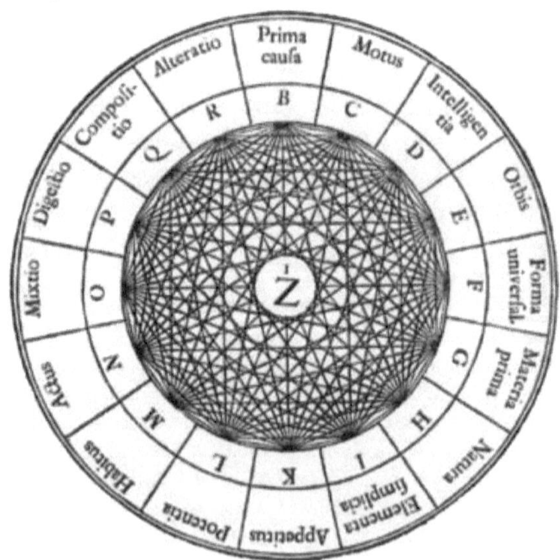

Primera figura de la filosofía
(*Prima figura philosophiae*)

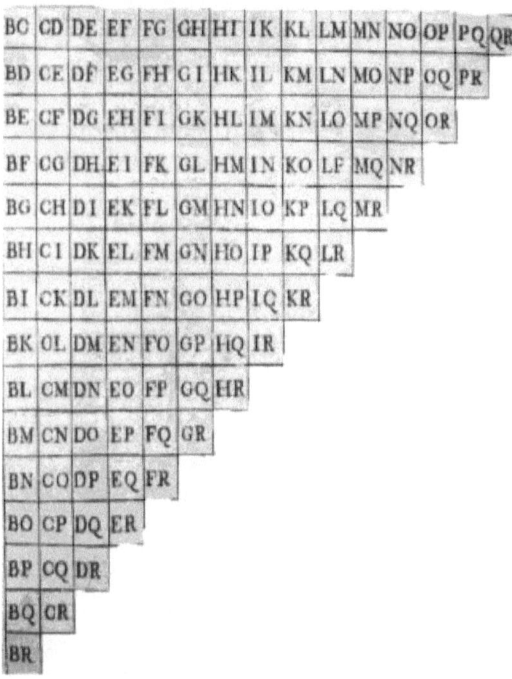

Segunda figura de la filosofía
(*Secunda figura philosophiae*)[16]

La primera figura es circular y en su periferia contiene los principios de la filosofía, cada uno de los cuales se ubica junto con una letra del alfabeto latino entre la B y la R la cual lo representa y que servirá para facilitar su mutua combinación.

La segunda figura, que los matemáticos identificarían como "*half matrix*", es triangular y expone todas las combinaciones posibles de dichos principios, de dos en dos y sin repetir. Una vez constituida esta figura, que es la única de las dos que posee un carácter combinatorio, se extraen los significados de cada una de las combinaciones. Por ejemplo, de la combinación [BC], letras que simbolizan respectivamente Causa Primera y Movimiento, nuestro filósofo nos dice que B, es decir, la Causa Primera, es causa de C, es decir, del Movimiento, el cual se produce para que a través de una serie de causas y efectos sucesivos (que están representados por las letras restantes), el entendimiento

---

16   Facsímil de las figuras del *Liber principiorum philosophiae* (MOG I) de 1721.

humano pueda entender finalmente las *Dignitates* divinas[17] o atributos de Dios.[18]

En otras palabras y simplificando, la Primera Causa, Dios, por medio de su Movimiento da origen al universo. Puesto que es el ser en el que se dan todas las Dignidades en máximo grado –y, por tanto, es máximamente bueno, grande, etc.– entonces, el universo, por ser creado por Él, será ejemplarmente bueno, grande, etc. a su medida. De este modo, al final del proceso de Creación, continuado por el de generación, el entendimiento humano tendrá a su alcance, en su entorno inmediato en la Naturaleza estas Dignidades. Partiendo, entonces, de entes con los que tiene un contacto cotidiano y directo, el hombre habituado al Arte luliana podrá leer en ellos la impronta de la divinidad, de la cual se valdrá eventualmente para demostrar la verdad del cristianismo al interlocutor no cristiano.

Es sumamente difícil seguir el compás de los razonamientos de Llull, no sólo en virtud de la complejidad intrínseca del sistema sobre el que se apoyan, sino también porque utiliza todo el tiempo una obsesiva notación algebraica. Con todo, no debemos dejar de señalar que los puntos clave de su argumentación se fundan –la mayoría de las veces pero particularmente en este caso– sobre principios de la filosofía natural. Éstos son elegidos y definidos cuidadosamente en tanto y en cuanto que por su intermedio sea posible el discurso acerca de la divinidad. De ahí se descubre que la naturaleza encuentra en Dios su ejemplar. Una vez que la impronta de dichos principios cruce los extensos laberintos del entendimiento, marcando en ellos el sendero que conduce hacia la salida, será posible utilizarlos para demostrar la trinidad divina.[19]

---

17   En el ejemplo se ha resumido la argumentación luliana, así como también se ha eliminado –atendiendo a fines expositivos– gran parte de la notación algebraica.

18   Es inevitable reparar en la circularidad del razonamiento luliano. Con todo, dentro de su sistema esto no genera inconveniente alguno, incluso es deseable que todas las argumentaciones puedan ser referidas finalmente a su punto de partida (cf. *Ars generalis ultima*, II. También Cf. *Ars brevis*, II).

19   Este mismo procedimiento puede observarse en otras obras del mismo período, v.g., en *Liber super Psalmum quicumque vult sive liber tartari et christiani* de 1287: *"Quoniam in essentia igneitatis est potentia productiva, ut producta ignibile et ignitum, producit ipsum cum aeritivo, aqueitivo et terreitivo, et*

                                                          JULIÁN BARENSTEIN

La filosofía entre las artes

Seis años más tarde, hacia 1289, Ramon viaja a París. Una vez allí, por pedido especial del canciller Bertoldo, leyó en la Universidad un comentario al *Arte general* (*Ars generalis*), la obra sobre el *Ars magna* más completa de las que había escrito hasta el momento. Pero no tuvo mucho éxito, según él, a causa de la debilidad del intelecto humano,[20] lo cual se reflejó en la actitud de los estudiantes que habían asistido a dicha lectura. Desilusionado, se dirigió a la ciudad de Montpellier, en donde, al promediar el año 1290, escribe el *Arte para encontrar la verdad* (*Ars inventiva veritate*), que da inicio al período de "simplificación" de su Arte. En este nuevo escrito, buscando facilitar la comprensión de su sistema, disminuye el número de las Dignidades de dieciséis a nueve –dejando las primeras nueve de las dieciséis iniciales– y el de las figuras que deben ser utilizadas en el *Ars magna* de veintidós a cuatro, con el agregado de una tabla que representa la combinación completa de todos los elementos del *Ars*. En su afán simplificador, en algunas obras llega incluso a dejar a un lado las figuras. Tal es el caso de la que nos ocuparemos ahora, *Lectura del arte que lleva por título "breve práctica de la tabla general"* (*Lectura artis quae intitulata est breuis practica tabula generalis*), escrita en Génova en febrero de 1304.

La *Lectura...*, según se lee en sus primeras páginas, presenta un artificio o Arte general apto para responder a todas las preguntas.[21] Consta de trece partes que tratan acerca de cuál

---

sit substantia vegetans; quando autem anima rationalis infunditur in illam substantiam mediante sensitivo et sensibili, ut sit coniuctum, tunc in radice animae et natura eius assumuntur potentiae, scilicet vegetativa et sensitiva, remanente quodam ente, quod est vegetativum, vegetabile et vegertatum, et hoc ratione animativi, quod in se assumit animabilie, ut cum ipso sit coniunctum, scilicet animatum, quod est homo, sine confusione substantiae animativi, animabilis et animati" (cf. *Liber super Psalmum quicumque uult siue liber tartari et christiani*, XXVI, 1).

20   Cf. *Vita Coaetanea*, 19.

21   *"Dictum est, quod subiectum Artis est artificium generale ad soluendum quaestiones; quoniam cum ipso subiecto artista, scilicet utens hac Arte, miscet artificialiter principia et regulas huius Artis, et significata huius mixtionis applicat ad soluendum quaestiones tali modo, quod semper teneat partem*

es el objetivo de dicho Arte, de su orden, de cómo enseñarlo, de cómo investigar con él, de cómo encontrar lo buscado, de cómo aplicarlo, de cómo significar, probar, mezclar, multiplicar, relacionar los argumentos, discutirlos y explicarlos por medio del Arte mismo.[22]

En el cuerpo de la obra se precisa el sentido que conlleva ahora la noción de filosofía. El objeto de esta disciplina –nos dice Llull aquí– es el ser creado. Ahora bien, para todo pensador medieval, sin excepciones, todos los entes están jerarquizados de acuerdo con su ubicación en una *scala creaturarum*.[23] La filosofía, de este modo, se dividirá en tantas partes como géneros de entes creados existan a lo largo de dicha *scala*. En este caso se trata de tres partes generales. Así, la primera parte de la filosofía está constituida por el *trivium*, a través de cuyas tres ciencias –gramática, retórica y dialéctica– se trata de los entes, en tanto objeto de discurso. La segunda es el *quadrivium*, compuesta por cuatro ciencias –aritmética, música, geometría y astronomía– que tratan del ente matemático. Y la tercera parte, conformada en sentido estricto por lo que antes hemos llamado "filosofía natural", la cual trata del ente natural.[24]

Se asiste aquí a una suerte de clasificación de las ciencias relativamente original, cuya relevancia solo puede apreciarse

---

illam, uidelicet affir|matiuam uel negatiuam, in qua uerius saluatur et clarius relucet significatio dictae mixtionis, ut inferius dicemus" (Lectura artis quae intitulata est breuis practica tabula generalis, ROL XX, IV, I).

22　Cf. *Lectura artis quae intitulata est breuis practica tabula generalis*, I et *passim*.

23　La *scala creaturarum* establecida en el *Ars generalis ultima* (1308) incluye nueve peldaños: *Deus* –que no es, desde ya, una criatura–, *Angelus, Caelum, Homo, Imaginatiua, Sensitiua, Vegetatiua, Elementatiua* e *Instrumentatiua*.

24　*"Philosophiae subiectum est ens creatum, cuius notitia est desiderata. Diuiditur autem philosophia in tres partes: Prima pars est de triuio, in quo agitur de sermone; secunda de quadriuio, in quo agitur de ente mathematico; et in tertia parte agitur de ente naturali. Triuium autem constituunt tres scientiae de sermone, scilicet, grammatica, dialectica et rhetorica. Quadriuium uero constituunt quattuor scientiae, scilicet arithmetica, musica, geometria et astrologia. Grammatica siquidem considerat in sermone congruum et incongruum; dialectica uerum et falsum; rhetorica ornatum et inornatum. Arithmetica uero est de quantitate discreta, scilicet de numero absolute; musica de numero relato ad sonos; geometria de quantitate immobili; astronomia de quantitate mobili, scilicet de corpore caelesti et eius effectu"* (Lectura artis quae intitulata est breuis practica tabula generalis, ROL XX, IV, C, II).

si se la ubica en la extensa tradición que va desde la filosofía antigua hasta la moderna, por lo menos. En efecto, encontramos clasificaciones de este tenor ya en Platón y Aristóteles, en Cicerón y en Séneca, entre los árabes desde al-Kindî hasta Averroes y, por supuesto, en los escritores de tradición cristiana y latina, desde Agustín hasta Descartes y entremedio de ellos, en algunos otros gigantes del pensamiento, como Alberto Magno, Tomás de Aquino y Roger Bacon, todos ellos temporalmente más cerca de Llull.

Más allá de la división de los entes bajo la égida de la *"philosophia"* con que se los aborde y de la identificación sin más de *ars* (o *scientia*) y *philosophia*, aquí ésta se mantiene en última instancia circunscrita al mismo campo de aplicación que en el *Libro de los principios de filosofía*. Se trata del ámbito de la naturaleza, en tanto éste encierra el secreto del origen y de la especificación del ente en sí mismo y en su modo de abordaje. Pero se ha de notar también que, a diferencia de lo que ocurría en la obra anterior, la noción de filosofía que señorea en este texto excluye –al menos tácitamente– la investigación directa de cómo los principios de la divinidad recorren todo el orden de lo creado.[25]

Filosofía artificial

Cuatro años más tarde, en 1308 y en la ciudad de Pisa, Ramon le da los últimos toques a una de sus obras más conocidas: el, ya mencionado, *Ars generalis ultima*, la última obra sobre el Arte. Este texto nos brinda una definición explícita de *philosophia*:

"La filosofía es la disciplina por la que el intelecto se relaciona con todas las artes y ciencias".[26]

Con estas palabras se da cuenta de la universalidad propia de la *philosophia*. Se trata de una universalidad tal que la ubica

---

25 Este hecho, uno de los tantos puntos desconcertantes que encierra este pequeño opúsculo, quizás responda a un cambio en las estrategias argumentativas de Ramon. Sin embargo, esta suposición no puede ser confirmada con la lectura del texto.

26 *"Philosophia est subiectum, in quo intellectus se contrahit ad omnes artes et scientias"* (*Ars generalis ultima*, ROL XIV, X, 14, 81; la traducción es propia).

por fuera de la categoría de las ciencias y de la de las artes en las que venía ubicada en la *Lectura...*, para situarla por sobre unas y otras. Dicha universalidad se funda en su materia de investigación, proporcionada por la *scala creaturarum* y las *centum formae*.[27]

De un lado, la *scala creaturarum* o escala de las criaturas, está compuesta por el ángel, el cielo, el hombre, la imaginativa, la sensitiva, la vegetativa y la elementativa. Se trata de los peldaños que corresponden a los seres espirituales, a los astros, al hombre, a los animales dotados de imaginación, a los animales dotados de sensación, a las plantas y a las piedras y minerales respectivamente.

Del otro, las *centum formae* o cien formas, constituyen un glosario de términos, cuyo conocimiento es imprescindible para el artista.[28] Así, en el *Ars generalis ultima*, no solo se encuentran entre las cien formas, definiciones como la de *philosophia* que hemos consignado más arriba, sino también otras más generales, como la de *essentia, unitas, natura, specie, materia, substantia, qualitas,* etc.

Una vez conocidos los peldaños de la *scala* y aprendidas las cien formas, todo el que indague filosóficamente debe recurrir a ellos, respetando tres pasos:

1. Debe seguir en toda investigación un orden, el cual, en clave luliana, implica seguir una serie de preguntas o reglas. De acuerdo con la tipificación del *Ars generalis ultima*, todas las investigaciones comenzarán con preguntas encabezadas por *Utrum*. Ésta es la partícula interrogativa latina que significa "¿cuál de los dos?" y suele traducirse por "si... (o no)". Su uso es frecuente entre los autores escolásticos, que generalmente formulaban sus *quaestiones* a manera de disyuntiva entre proposiciones contradictorias. En efecto, abordaban un pro-

---

27 *"Et ideo philosophus per Artem istam magnum subiectum intelligendi habere potest; nam ipse potest philosophari per subiecta, designata per C D E F G H I, et etiam per centum formas. Nam philosophus tractat naturaliter de angelis, de caelo, de homine, de imaginatiua, sensitiua, uegetatiua, et de elementatiua"* (*Ars generalis ultima*, ROL XIV, X, 14, 81).

28 *"Nam per formarum definitiones intellectus quidem erit condicionatus ad discurrendum illas per principia et regulas"* (*Ars brevis*, ROL XII, X, 12).

blema contraponiendo una tesis a su antítesis, siendo ambas proposiciones mutuamente excluyentes.

Luego, dependiendo de qué sea lo que se quiera saber, se seguirá con otra pregunta encabezada por ¿Qué? ¿De qué? ¿Por qué? ¿Cuánto? ¿Cuál? ¿Cuándo? ¿Dónde? ¿Cómo? Y ¿Con qué? (*Quid, De quo, Quare, Quantum, Quale, Quando, Ubi, Quomodo et Cum quo*). Por ejemplo, si se quiere investigar acerca del ángel, lo primero que hay que preguntarse es si éste existe o no, v.g., ¿El ángel existe (o no)? Podemos preguntarnos también sobre alguna cualidad del ángel, v.g., ¿El ángel es perfectamente bueno (o no)? Pero, para responder estas preguntas, hay que resolver antes otras como ¿Qué es el ángel?, ¿Por qué existe el ángel?, etc., y de este modo, la investigación racional, y organizada, es decir, filosófica, puede alcanzar un grado de complejidad muy elevado. Lo cierto es que solo cuando el filósofo logre responder a todas las preguntas referidas a un tema determinado, estará en condiciones de responder a la primera,[29] que por su formulación sólo acepta una respuesta posible: sí o no.[30]

2. Debe buscar la respuesta en las definiciones de los peldaños de la *scala* y en las de las cien formas.[31]

3. Debe mantener ilesa cada definición, es decir, sin modificación. En efecto, si pregunta por la sabiduría del ángel, tiene que responder de acuerdo con el significado de "sabiduría"; si pregunta por la sabiduría del hombre, tendrá que responder según el mismo significado de "sabiduría". Y así sucesivamente respecto de todas las preguntas que pudieran for-

---

29　Contrariamente a lo que parece, la respuesta de todas las preguntas circunscritas a una cuestión determinada, en la mayoría de los casos, no son tantas. Esto es así en virtud de que las preguntas funcionan como capites, de modo tal que todas preguntas que pueden formularse acerca de X, resultarán distribuidas y subsumidas en y bajo las diez fundamentales: *Utrum, Quid, De quo, Quare, Quantum, Quale, Quando, Ubi, Quomodo et Cum quo.*

30　"*'Utrum?' habet tres species, videlicet dubitativam, affirmativam et negativam, ut in principio intellectus supponat utramque partem esse possibilem, et non liget se cum credere, quod non est suus actus, sed intelligere. Et ita accipiat illam partem, cum qua habet maius intelligere. Nam oportet illam esse veram*" (*Ars brevis*, ROL XII, IV).

31　"*Quapropter si aliquis quaerat philosophice, recurratur ad praedicta subiecta, applicando id, de quo quaeritur*" (*Ars generalis ultima*, ROL XIV, X, 14, 81).

mularse. Éstas pueden ser explícitas (a partir de términos explícitos), implícitas (a partir de términos implícitos en cada peldaño),[32] o nuevas (a partir de términos nuevos).[33] A partir de la consideración de este último tipo de preguntas, puede entreverse la esperanza luliana de que el *Ars magna* sea la herramienta idónea para responder a todas las preguntas que pudieran plantearse sobre cualquier cosa.

Por último, en el *Ars generalis ultima* se excluye explícitamente de la *philosophia* la investigación acerca de los milagros argumentando que son sobrenaturales. De este modo, la filosofía tal como encuentra expresión en este texto, tiende a la identificación con la *philosophia naturalis*.[34]

Filosofía, sierva de la teología

Pasados tres años, en 1311 Ramon asiste al segundo Concilio Ecuménico, organizado por el papa Clemente V en la ciudad de Vienne. En el Concilio pensaba proponer tres cosas:

1. Que el papa y los cardenales fundaran monasterios para estudiar diversos idiomas. La idea era que sus estudiantes viajaran, una vez acabada su formación, por todo el mundo predicando, tal como lo habían hecho los apóstoles y que este procedimiento perdurase hasta que todos los infieles hubieran sido traídos a la religión de los cristianos.

---

32   Por ejemplo, en el peldaño "ángel" están incluidos los serafines, querubines y tronos. En "cielo", el sol, la luna, los planetas, etc. En "sensitiva", el buey, el asno, etc. En "elementativa", el granito, la esmeralda, etc.

33   *"Eis tali autem modo respondeatur, quod id, de quo quaeritur, remaneat illaesum, tenendo de quaestione affirmatiuam aut negatiuam. Nam illa, quae tractantur in ante dictis subiectis, clara et manifesta sunt intellectui, subtiliter intelligenti. Si autem id, de quo quaeritur, sit implicatum siue peregrinum, applicetur praedictis explicatis. Et cum eis respondeatur praelibatae quaestioni, tali uero modo, quod uerba explicata conueniant rationabiliter in conclusione praeposita. Et in isto passu cognoscit intellectus, quod haec Ars est mirabile et ualde generale subiectum intellectui philosophi"* (*Ars generalis ultima*, ROL XIV, X, 14, 81).

34   *"De miraculis autem nequaquam; nam supra naturam sunt"* (*Ars generalis ultima*, ROL XIV, X, 14, 81).

                        JULIÁN BARENSTEIN

2. La formación de una coalición para que todos los caballeros actuaran en conjunto y trabajaran por la restitución de Tierra Santa a los cristianos.

3. Que el papa y los cardenales ordenaran que los errores de Averroes fuesen extirpados definitivamente de la universidad de París.[35]

Como era de esperar, las autoridades ignoran los pedidos lulianos y, entre otras resoluciones, se ordenó la supresión de la Orden de los Caballeros Templarios, condenando al Maestre de la Orden, Jacques de Molley, con quien Ramon se había encontrado en Famagusta (Chipre), donde habían trabado cierta amistad.

Soslayando el fracaso, Llull viaja a París hacia mayo de 1311 y escribe el *Libro del eficiente y del efecto* (*Liber de efficiente et effectu*). Esta obra se ubica en el umbral de lo que se ha dado en llamar su "etapa antiaverroísta",[36] durante la cual buscará llevar a cabo por sus propios medios lo que en vano había solicitado que hiciera la corte romana en el ámbito universitario. De este modo, en el opúsculo se relata una ficticia disputa acaecida en dicha ciudad entre un filósofo averroísta de la cristiandad y un lulista de París, a quien Ramon llama "*raimundista*", es decir, un intelectual que conoce y utiliza en sus argumentaciones el método y la combinatoria del *Ars magna*. La discusión trata, como su título lo sugiere, sobre si Dios es o no la "causa eficiente" de todo el universo. El *raimundista* sostiene que Dios es el eficiente y todo el universo debe ser considerado como su efecto, mientras que el averroísta sostiene que Dios es el fin de todos los entes, pero que no es su eficiente. En otras palabras: en la posición del primero, Dios es concebido filosóficamente como causa eficiente, ubicando la investigación de la divinidad en el plano de *scientia* o *philosophia naturalis*; en la del segundo, Dios es postulado como causa final, afirmación que posiciona la investigación sobre la divinidad en el terreno de la ética o la teología. En pro de lo

---

35 Cf. *Disputatio Petri clerici et Raymundi phantasticus*, I, 3-4. También cf. *Consili* vv. 1-73 *et passim*.

36 Se ha de advertir que bajo el nombre de "Averroes", Llull incluye diversas tesis que si bien proceden de la filosofía árabe, no pueden ser identificadas como propias del filósofo cordobés (cf. Van Steenberghen, F., *La Philosophie au XIIIe siècle*, Louvain, Publications Universitaires, 1966, p. 511).

expuesto, el averroísta se compromete a probar filosóficamente y de acuerdo con el modo del entender (*intelligere*), que Dios es su fin o causa primera pero asegura que Dios es el eficiente sólo de acuerdo con el modo del creer (*credere*). El *raimundista*, por su parte, probará su posición filosófica y también teológicamente, es decir, según el modo del entender y del creer, apoyándose en el hecho de que la verdadera filosofía (*vera philosphia*) es sierva (*ancilla*) de la verdadera teología (*vera theologia*).

Se ha de tener en cuenta que la postura del averroísta a los ojos de Llull se identifica específicamente con la de aquellos intelectuales que, sin preocuparse por la concordancia o inconsistencia del *corpus aristotelicum* con el dogma cristiano, pretendían ser fieles a este *corpus*. Según su modo de ver éste constituía lo propio de la *philosophia* antes que lo propio de la *theologia*, y adjudicaban en consecuencia, mayor competencia a la razón que a la verdad revelada. Por consiguiente, la figura retórica del averroísta –no susceptible de ser identificado con algún personaje real como Siger de Brabante o Boecio de Dacia– no representaría sino a un "ultra aristotélico" o a un "ultra filósofo", sin más. Representaría uno tal que, entre otras cosas, pudiera sostener –amparado en la teoría de la "doble verdad"– que dos tesis contrarias sobre un mismo tema pueden ambas ser verdaderas si provienen una de la teología y otra de la filosofía.[37] Para decirlo con las palabras de Alain de Libera, aquí con el término "averroista" Llull se remite a una doctrina que no existe más que en su espíritu y no tiene otro valor que el sintomático.[38] Es por ello que en el discurso del *raimundista* puede observarse una identificación –muy cuestionable, pero que debe ser identificada para comprender lo que sigue– de *philosophia* con entender (*intelligere*), por una parte, y de *theologia* con creer (*credere*), por otra. Una vez dado este primer paso, el objeto de *intelligere* y de *credere* también resultará unificado: la verdad. Partiendo entonces de estas identificaciones, el lulista formula

---

37 Como es sabido, la teoría de la "doble verdad" no fue formulada explícitamente por ninguno de los llamados "averroístas". Se trata más bien de un constructo de sus detractores. En este sentido, el texto de Llull es capital para la comprensión del problema.

38 Cf. De Libera, A, *Pensar en la Edad Media*, España, Anthropos, 2000, p. 63.

            Julián Barenstein

el siguiente razonamiento: el objeto de la teología es Dios, y el objeto de la filosofía es lo inteligible. Y puesto que el objetivo del entender es alcanzar la verdad y Dios es la verdad, se sigue necesariamente –como ya lo había dicho Tomás– que la verdadera filosofía y la verdadera teología concuerdan. Y por esto, el opuesto de lo inteligible no es lo creíble, o, dicho al revés, aquello que se ha de entender y aquello que se ha de creer, si son verdaderos uno y otro, entonces no se oponen.[39] Si así fuese, se caería en una contradicción.[40]

Filosofía divina

Es evidente que en el *Libro del eficiente y del efecto* Ramon se refiere al tipo de verdades que lo son tanto desde el punto de vista de la razón especulativa como del de la teología, a saber, aquellas de las que se ocupa su Arte. Pero habrá que esperar hasta otro texto, concebido hacia septiembre del mismo año de 1311 y en la misma ciudad, para que retome definitiva y explícitamente su posición inicial. Se trata del *Libro acerca del ente que es existente y agente absolutamente por sí mismo y por su propia causa* (*Liber de ente quod simpliciter est per se et propter se exis-*

---

39 Un desarrollo acabado y pormenorizado de todos los problemas suscitados por la separación de la filosofía y la teología puede encontrarse en la *Declaración de Ramon* (*Declaratio Raimundi per modum dialogi edita contra aliquorum philosophorum et forum sequacium opiniones*) de 1298.

40 "*Parisius Raimundista et Auerroista disputabant. Raimundista dicebat, quod Deus est efficiens, et totum uniuersum est effectus eius. Auerroista dicebat, quod Deus est finis omnium entium, tamen non est efficiens. Ipsi uero conuenerunt inter se, quod facerent unum librum, in quo quilibet deduceret fortiores rationes, quas habere posset. Auerroista tamen dixit, quod probaret philosophice et secundum modum intelligendi, quod Deus non est efficiens, sed tantummodo finis siue causa prima. Verumtamen, quia erat Christianus, asserebat, quod Deus est efficiens, secundum modum credendi, cum de fide catholica esset habituatus. Raimundista autem dicebat, quod Deus est efficiens. Et hoc intendit probare philosophice et etiam theologice, cum uera philosophia sit ancilla verae theologiae. Subiectum autem theologiae est Deus, et subiectum philosophiae est intelligibile. Et quia obiectum intelligentis est ueritas, et Deus est ueritas, necessarie sequitur, quod uera philosophia et theologia habeant concordantiam ad inuicem. Et ideo, quidquid est uere intelligibile, eius oppositum non est uere credibile; aliter implicaretur contradictio; sed contradictio est impossibilis*" (*Liber de efficiente et effectu*, ROL XXXIII, *Prol.*).

tens et agens). El libro versa sobre diferentes artículos de fe, los cuales son demostrados filosóficamente. Aquí nos centraremos en lo dicho en uno de estos artículos: el parto de la virgen.

En el texto –donde se descubren varios rasgos distintivos del pensamiento franciscano y, más aun, bonaventuriano– se lee que cuando alguien dice que filosófica o racionalmente considerado el asunto, una virgen no puede parir, se ha de tener en cuenta que *"philosophia"* es un término equívoco. Hay tres especies subsumidas en dicho término. Está una filosofía natural, que se ocupa de los entes corporales. Otra filosofía es la que trata de los entes espirituales, como, por ejemplo, el alma racional y el ángel. Y una última filosofía es la divina, suprema y, en tanto tal, causa de las otras filosofías. La primera de estas tres es filosofía en grado positivo; la segunda, lo es en grado comparativo; y la tercera, en grado superlativo. De este modo, cuando se dice que una virgen no puede parir, se comprende que esta afirmación procede de la filosofía en grado positivo. Pero la afirmación contraria, es decir, que sí le es posible, se comprende a través de la filosofía en grado superlativo, que tiene por objeto a Dios, sus *Dignitates*, etc. Por medio de ella, Éste es concebido como la causa más perfecta, más grande, etc.[41] y precisamente por ello puede causar que una virgen pueda parir.

La novedad que ofrece Llull en esta pequeña obra es que la *philosophia* que hasta este momento había presentado como de acuerdo en todo con la *theologia*, que al mismo tiempo había mantenido separada de esta disciplina y, hasta cierto punto, de toda cuestión que versara directamente sobre la divinidad,[42]

---

41 *"Quando dicitur, quod uirgo non potest parere philosophice secundum cursum naturae: Respondendum est, quod philosophia est nomen aequiuocum, eo quia tres species sub se habere potest. Videlicet philosophia, quae est naturalis, quoad entia corporalia; ista philosophia est in gradu positiuo. Et est alia philosophia, quae est de entibus spiritualibus, ut puta de anima rationali et de angelo; | et talis philosophia est in gradu comparatiuo. Alia philosophia est suprema in superlatiuo gradu existens; et talis philosophia est diuina; quae est causa aliarum philosophiarum. Et ideo quoad philosophiam, quae consistit in positiuo gradu, concedo quod uirgo non potest parere. Sed Deus, qui est in superlatiuo gradu, potest causare, quod uirgo possit parere; et maxime, cum sit causa optima, maxima etc."* (De ente quod simpliciter est per se etc., ROL XXXIII, IV, X, 4).

42 Obras como, por una parte, el *Libre del gentil e les tres savis* tratan directa-

ahora recibe el epíteto "divina", por el cual la distancia preexistente desaparece por completo.

No sólo en virtud de la gravedad de la expresión sino por la fecha de composición de la obra en la que ésta se inscribe (que como ya dijimos es 1311), *"philosophia divina"* debe ser considerada como la formulación definitiva de la concepción luliana de *philosophia*. Sin embargo, sorprendentemente, Llull no nos dice aquí en qué consiste esta *"philosophia divina"*.

Conclusión

Saltando de texto en texto con botas hegelianas y habiendo buscado en vano una identificación explícita de *philosophia* con *Ars magna*, nos hemos convencido de que ese salto identificatorio sólo puede darse a partir de una lectura de conjunto de las obras lulianas y, más aun, de las obras artísticas y no artísticas. Así pues, a lo largo de nuestro meteórico recorrido hemos partido de un concepto más bien "tenue" de *philosophia*, tal como se presenta en el *Libre del gentil...*, el cual fue delineándose poco a poco hasta adquirir la mayor consistencia posible, es decir, la de todo lo divino. Debemos asumir que el atributo *"divina"*, que acompaña a una de las especies de esta disciplina hacia el final del camino, hace referencia a un objeto de estudio propio y superior a todos los otros objetos posibles, y que este objeto es Dios, sus *Dignitates*, sus milagros (*miracula*), etc. Así, nos vemos llevados no solo a sospechar sino a afirmar categóricamente que con la expresión completa *"philosohia divina"*, o filosofía en grado superlativo, Ramon está señalando su *Ars magna*, pese a su renuencia a efectuar una, ya esperable, identificación explícita entre *Ars* y *philosophia*. Más aun, esto se confirma toda vez que Llull con anterioridad a la redacción de la *Lectura...* había utilizado los procedimientos del Arte para demostrar algunos

---

mente sobre la divinidad, pero no se menciona explícitamente que este tratamiento sea filosófico sino más bien lógico o racional. Por otra parte, obras como el *Liber principiorum philosophiae* tratan de la divinidad, pero desde el punto de vista de su impronta en tanto que ésta es perceptible en la naturaleza.

milagros e, incluso, el misterio de la Trinidad. La explicación de cómo esto es posible forma parte de otra historia.[43]

Julián Barenstein

Universidad de Buenos Aires/
Conicet

---

43 Como, por ejemplo, en el *Liber de demonstratione per aquiparantiam* de 1304: *"Omne illud est in divina Potestate, per quod divina Potestas magis distat ab inaequalitate, sed hoc est per Aequalitatem possificantis, possificati et possificare: ergo de necessitate convenit, quod sit Aequalitas in divina Potestate; et ideo, quod in divina Potestate sit Pater et Filius et Sanctus Spiritus, arguimus sic: convenit, quod, ubicumque est maior Aequalitas inter possificantem et possificatum, sit Paternitas et Filiatio; sed in divina Potestate est maior Aequalitas inter possificantem et possificatum: ergo in divina Potestate est Paternitas et Filiatio. Maior sic patet, quia Pater in producendo Filium de toto se ipso coaequat illum sibi ipsi per Essentiam, Unitatem, Naturam et Bonitatem, Magnitudinem etc., quae maior Aequalitas non potest esse sine Patre et Filio; minor sic declaratur: quia possificans et possificatus sine Maioritate Aequalitatis non possent producere maius possificare. Iterum: omne illud est in divina Potestate, per quod possificans et possificatus magis possunt coaequari; sed hoc est per quod vocamus Sanctum Spiritum. Maior per se patet, minor sic declaratur: quia coaequare sine amare non posset esse infinitum in Potestate. Et sicut dedimus exemplum de Aequalitate in divina Potestate de divines Personis, sic potest dari in divina Bonitate, Magnitudine, Aeternitate, Intellectu, Voluntate, Virtute, Veritate et Gloria suo modo"* (*Liber de Demonstratione per aequiparantiam*, MOG III, III, 4). Pueden consultarse también *Liber mirandarum demostrandum, Liber de quinque sapientibus,* entre otros.

Bibliografía

Nota: La bibliografía consignada a continuación no pretende ser exhaustiva. Nos limitamos a la que hemos consultado para la realización de este trabajo. Respecto de los textos fuentes, hemos utilizado las ediciones más autorizadas. Sus signaturas son MOG, OE, ROL y OL, en cada caso están indicadas. Las revistas *Estudios Lulianos* y *Studia Lulliana* corresponden a las siglas EL y SL respectivamente.

Fuentes

Llull, R., *Beati Raymundi Lulli doctoris illuminati et martyris Opera*, 8 vols. Maguncia, s.n., 1721-1742, Minerva verlag, 1965. (MOG)

————, *Obres Essencials*: *Libre D'Evast e D'Aloma e de Blanquerna*; *Libre de maravelles,*; *Libre qui és de l'orde de caballería*; *Arbre de ciéncia*; *Libre del gentil e los tres savis*; *Libre de Sancta Maria*; *Arbre de filosofia D'Amor*; *Libre de Contemplació*; *Del naixement de Jesús infant*, edición e introducción de Battlori, M., y Carreras i Artau, J., Barcelona, Selecte, 1957-60, 2 vols. (OE)

————, *Obras Literarias*: *Libro de Caballería*; *Blanquerna*; *Félix*; *Poesías*, edición preparada y anotada por los padres Miguel Batllori, S. J., Miguel Caldentey, T. O. R., introducción biográfica por Salvador Galmés, introducción al Blanquerna del padre Rafael Ginard Bauçá t. O. R., Madrid, Biblioteca de Autores Cristianos (BAC), 1958. (OL)

————, *Raimundi Lulli Opera Latina*, ed. F. Stegmüller, Palma, Maioricensis schola lulistica, 1959-67, vols. I-5; ed. F. Stegmüller, A. Madre, Turnhout-Belgium, 1975-2011, vols. VI-XXXV. (ROL)

Bibliografía secundaria

AAVV, *Actes de les Jornades Internacionals Lul·lianes*: *"Ramon Llull al segle XXI"*, Palma, Edicions UIB, 2005.

Badia, L., "La Ciéncia al´obra de Ramon Llull", en *Institut d´Estudis Catalans,* Barcelona-Valéncia: Universitat de Valéncia, 2004, pp. 403-442.

Batalla, J., "L'art lul·liana com a teologia filosòfica", *Revista de lenguas y literaturas catalana, gallega y vasca*, 15 (2010), pp. 321-344.

Bonner, A., "Ramon Llull in 1308: Prison, Shipwreck, Art, and Logic", 1308. *Eine Topographie historischer Gleichzeitigkeit* "Miscellanea Mediaevalia" 35 (2010), pp. 609-628.

__________, *The Art and Logic of Ramon Llull*, A user's guide, Leiden.Boston, Brill, 2007.

Bordoy Fernández, A., "Ramón Llull y la crítica al aristotelismo parisino de finales del siglo XIII: en torno a la cuestión de la pluralidad", *Revista de Hispanismo Filosófico* 14 (2009), pp. 25-41.

Butinyà, J., "El *Libre de les bèsties* de Llull y el comportamiento político", *El pensamiento político en la Edad Media*, pres. Pedro Roche Arnas, Madrid, Fundación Ramon Areces, 2010, pp. 321-332.

Carreras i Artau, T. y J., *Historia de la filosofía española: Filosofía cristiana de los siglos XIII al XV*, Madrid, Adelcoa, 1939-43, 2 vols.

Chimento, F. E., "Il *Felix* e la teoria politica di Raimondo Lullo: spunti di reflessione" en *El pensamiento político en la Edad Media*, pres. Pedro Roche Arnas, Madrid, Fundación Ramon Areces, 2010, pp. 391-402.

Colomer, E., "La actitud compleja y ambivalente de Ramon Llull ante el judaísmo y el islamismo", en *Constantes y fragmentos del pensamiento luliano. Actas del Simposio sobre Ramón Llull en Trujillo, septiembre 1994*, eds. Fernando Domínguez y Jaime Salas, Max Niemeyer verlag GMBH & co. Kg. Tubingen 1996, pp. 77-90.

Cruz Hernández, M., *El pensamiento de Ramón Llull*, Valencia, Fundación Juan March-Editorial Castalia, 1977.

De Libera, A., *Pensar en la Edad Media*, España, Anthropos, 2000.

Domínguez Reboiras, F., "La recepción del pensamiento luliano en la península ibérica hasta el siglo XIX. Un intento de síntesis", *Revista de lenguas y literaturas catalana, gallega y vasca*, 15 (2010), pp. 361-385.

__________, "Algunas reflexiones sobre el trasfondo geopolítico del pensamiento luliano", *El pensamiento político en la Edad Media*, pres. Pedro Roche Arnas, Madrid, Fundación Ramon Areces, 2010, pp. 403-418.

__________, "Geometría, filosofía, teología y Arte. Entorno a la obra *Principia philosophiae de* Ramon Llull", en *Studia Luliana,* XXXV, (1995), pp. 3-29.

Eco, U., *En busca de la lengua perfecta*, Barcelona, Crítica, 2005.

Fidora, A.-Sierra, C. (eds.), *Ramon Llull: From the Ars Magna to Artficial Intelligence*, Barcelona, IIIA-CSIC, 2011.

Gayà, J., *Raimondo Lullo. Una teologia per la missione*, Milano, Editoriale Jaca Book SpA., 2002.

Hames, H., "Approaches to Conversion in the late 13th-Century Church", en *SL*, XXXV, (1993), pp. 75-84.

Hillgart, J. N., *Ramon Llull and Lullism in Fourteenth century France*, Oxford, Clarendon Press, 1971.

     Julián Barenstein

Jaulent, E., *"A demonstração por equiparação"*, en *Lógica e Linguagem na Idade Média*, Edipucrs, Portoalegre, 1995, pp. 145-162.

______, *"Arbor Scientiae*: inmanencia o trascendencia en el pensamiento luliano", en *SL*, XXXVIII, (1998), pp. 27-49.

Johnston, M. D., "Affatus: natural science as moral theology" en *EL* XXX (1990), pp. 3-30.

Lohr, Charles H., S. J., "Actividad divina y hominización del mundo" en *Nuevo Mundo*, 7 (2006), pp. 77-86)

Platzeck, E. W., "La combinatoria luliana un nuevo ensayo de exposición e interpretación de la misma a la luz de la filosofía general europea" originalmente en *Franziskanishe Studien*, 34 (1952), pp. 36-60 y 377-407.

Pring-Mill, R. D. F., *Estudis sobre Ramon Llull*, Barcelona, Curial edicions catalans-Publicacions de là Abadia de Monserrat (Curial-Pam), 1991.

Rossi, P., *Clavis Universalis: Arti mnemotecniche e logica combinatoria da Lullo a Leibniz*, Milano-Nápoles, Ricardo Riccardi Editore, 1960.

Ruiz Simon, J. M., "En aquesta era yo ans que vengués en aquest loc". Notes al llibre del gentil a propòsit del canvi d'opinió del savi juez sobre la resurecció" en *SL*, 49 (2009), pp. 71-105.

Soler, A. "Espiritualitat i cultura: Els laics I l'accés al saber a final del segle XIII a la corona d'Aragó", en *SL*, XXXVIII, (1998), pp. 14-20.

Sugranyes de Franch, R., "Los proyetos de cruzada en la doctrina misional de Ramon Llull" en *EL* 4 (1960), 275-290.

Trias Mercant, S., *Diccionari D`Escriptors Lul.listes*, Palma, Edicions UIB, 2009.

______, "Judíos y cristianos: la apologética de la tolerancia en el '*Llibre del gentil*'", en *Revista Española de Filosofía Medieval*, V, (1998), pp. 61-74.

Van Steenberghen, F., *La Philosophie au XIIIe siècle*, Louvain, Publications Universitaires, 1966.

Yates, F., *Llull & Bruno: Collected Essays*, London, Boston and Henley, Routledge and Kegan Paul, 1982, 2 vols.

Recursos virtuales

• Instituo Brasileiro de Filosofia e Ciência Raimundo Lúlio

http://www.ramonllull.net

• Base de Dades Ramon Llull- DB

Centre de documentació Ramon Llull (Universitat de Barcelona)

http://orbita.bib.ub.es/llull/

• Arbeitsbereich Quellenkunde der Theologie des Mittelalters (Raimundus-Lullus-Institut)

http://www.theol.uni-freiburg.de/institute/ist/qut

• Mnemocis arts of Blessed Raymond Llull

http://lullianarts.net/

• Jordi Gayá-Estelrich

http://www.jordigaya.com/

• Narpan: espai de Literatura i Cultura Medieval

http://www.narpan.net/

• Grupos de Pesquisas Medievais da Ufes

Coord: Prof. Dr. Ricardo da Costa (Ufes)

http://www.ricardocosta.com/ramon/ramon.htm

Nicolás de Autrecourt o Aristóteles bajo la lupa

Qui credit Aristotelem fuisse deum,
ille debet credere, quod nunquam erravit.
Si autem credit ipsum esse hominem,
tunc procul dubio errare potuit sicut et nos.

Alberto Magno, *Physica* VIII, 1.14 [1]

or breve que sea, toda caracterización general de la obra de Nicolás de Autrecourt debe hacer referencia, en primer lugar, a dos grandes ejes, en gran medida complementarios. Por una parte, están sus fuertes críticas a la práctica filosófica universitaria basada sobre el comentario a la obra de Aristóteles, aspecto particularmente presente en las dos principales obras que de él se conservan: el tratado *Exigit ordo* y la correspondencia con Bernardo de Arezzo y Gilles du Foin. [2]

---

1   En Alberto Magno, *Opera omnia* IV.2 (ed. P. Hossfeld), Münster i. W., 1951, 578.

2   La edición del *Exigit ordo* se encuentra en J. R. O'Donnell, "Nicholas of Autrecourt", *Mediaeval Studies* 1 (1939), 179-280. La correspondencia, por su parte, tiene varias ediciones: R. Imbach, D. Perler, *Nicolaus von Autrecourt. Briefe,* Hamburgo, 1988; L. M. De Rijk, *Nicholas of Autrecourt, His Correspondence with Master Giles and Bernard of Arezzo: A Critical Edition and English Translation,* Leiden, 1994; C. Grellard, *Nicolas d'Autrecourt. Correspondance. Articles condamnés. Introduction, traduction et notes* (Sic et Non), París, 2001. El estudio más completo sobre la vida y la obra de Nicolás es Z. Kaluza,

Por otra parte, se encuentra la elaboración de un sistema
alternativo al aristotélico, fundado en un atomismo cuya proposición fundamental es la eternidad de lo creado.[3]

Ahora bien, si en los primeros trabajos dedicados a la obra
de Nicolás prevaleció el interés por la *pars destruens* de su pensamiento –de allí la usual referencia al potencial escéptico de
su doctrina–, es este segundo aspecto, a saber, la elaboración
de un sistema atomista como alternativa al peripatetismo escolástico, el que es actualmente objeto de una serie de investigaciones que permiten no sólo conocer en mayor detalle la obra de
Nicolás, sino, fundamentalmente, colaborar en la comprensión
de un ambiente universitario como el parisino, que en la primera mitad del siglo XIV fue escenario de múltiples controversias. Este interés creciente por la *pars construens* del pensamiento ultricuriano obliga entonces a reformular la tradicional
descripción de Nicolás como un crítico *tout court* de la filosofía
universitaria de inspiración aristotélica.

Ese tipo de práctica filosófica, de corte científico y fuertemente
regulada, es precisamente uno de los dos grandes modelos que
se despliegan en el presente volumen, junto a aquel otro, de
inspiración agustiniana, que veía a la filosofía como "escuela
de vida".[4] A ellos se podría agregar un tercer tipo, el escéptico-

---

"Nicolas d'Autrécourt, ami de la vérité", en *Histoire littéraire de la France*,
XLII/1, París, 1995.

3 La tesis fuerte de Nicolás es que "todas las cosas son eternas". Dado que
el marco para la defensa de esa tesis es un atomismo que niega el paso del
ser al no-ser (y viceversa) en sentido absoluto, no resulta del todo claro si la
eternidad a la que se alude es propia de los átomos o de las realidades compuestas a partir de ellos. Al respecto, véase Z. Kaluza, "Eternité du monde
et incorruptibilité des choses dans l'Exigit *ordo* de Nicolas d'Autrecourt", en
G. Alliney, L. Cova (eds.), *Tempus, aevum, aeternitas. La concettualizzazione
del tempo nel pensiero tardomedievale*, Firenze, 2000, 207-240.

4 Si bien la creciente profesionalización no es un exclusivo producto de la reaparición de los textos de Aristóteles por mediación de la cultura árabe –en efecto,
el proceso se inicia con bastante anterioridad a la reintroducción del *corpus*
aristotélico en el Occidente latino–, no es menos cierto que la confrontación
con un modelo árabe de pensamiento científico de corte aristotélico aceleró
profundamente los cambios que ya habían comenzado a manifestarse en las
nacientes universidades. Entre ellos, debe destacarse el paso de una cultura
de raigambre eminentemente rural y monástica a una cultura urbana, lo cual
fue estableciendo nuevos canales de transmisión del conocimiento y, sobre
todo, nuevos perfiles intelectuales.

                                              Gustavo Fernández Walker

académico, variante en la que, a causa de la primera recepción moderna de su obra, que privilegiaba el aspecto crítico de su doctrina, se ubicó tradicionalmente a Nicolás de Autrecourt.[5] A esa tercera variante estará dedicada, pues, la primera parte de este capítulo. En una segunda sección, una vez repasados brevemente los argumentos por los que parece conveniente abandonar –o al menos matizar– la vieja caracterización de Nicolás como un escéptico, se analizarán algunos pasajes de su obra para intentar establecer qué tipo de perfil ideal de filósofo es posible inferir a partir de los textos.

Pars destruens: acerca del escepticismo ultricuriano

Acaso con la única excepción de Juan de Salisbury, prácticamente no existen testimonios de un autor medieval que haya abrazado explícitamente el escepticismo.[6] En rigor, el escéptico-académico, en el marco de la universidad medieval, es un tipo ideal en el sentido más estricto, una figura retórica creada con el objeto de permitir destacar, por oposición, las características positivas del verdadero filósofo. Antes que de una filosofía escéptica en tanto tal, parece más acertado hablar, en el Medioevo, de un problema escéptico en filosofía,[7] cuyas fuentes se remontan, principalmente, al *Contra Academicos* de Agustín.

---

5   Fundamentalmente a partir de H. Rashdall, "Nicholas de Ultricuria, a Medieval Hume", *Proceedings of the Aristotelian Society*, 7 (1907), 1-27; y J. Lappe, *Nicolaus von Autrecourt, sein Leben, seine Philosophie, seine Schriften (Beiträge zur Geschichte der Philosophie des Mittelalters*, 6.2), Münster, 1908. Recientemente, el tema es retomado en M. Parodi, "Scetticismo e retorica in Nicola d'Autrécourt", conferencia pronunciada en Pavia el 10 de septiembre de 2010. Agradezco al Prof. Parodi su gentileza al hacerme llegar una versión de su trabajo.

6   Cf. Juan de Salisbury, *Policraticus*, ed. K. S. B. Keats-Rohan (Corpus Christianorum Continuatio Mediaevalis CXVIII), Turnhout, 1993, VII, *Prol.*, en donde se declara la superioridad del *academicorum more investigandi*.

7   Z. Kaluza, "Nicolas d'Autrécourt et la tradition de la Philosophie grecque et arabe", en A. Hasmawi, A. Elamrani-Jamal, M. Aouad, *Perspectives arabes et médiévales sur la tradition scientifique et philosophique grecque*, Leuven, 1997, 365: "un autre courant philosophique, le scepticisme, n'est pas envisagé dans une perspective historique, mais en tant que problème philosophique". Al respecto, véase especialmente C. Grellard, "Scepticism, Demostration and the Infinite Regress Argument (Nicholas of Autrecourt and John Buridan)", *Vivarium*, 45 (2007), 328-342.

Respecto de la transmisión del escepticismo antiguo en la Edad Media, a su vez, existen testimonios de traducciones latinas del *Adversus Mathematicos* y de las *Pyrrhoniae Hypotyposes* de Sexto Empírico, pero su circulación parece haber sido reducida. Así, la terminología y la caracterización general del escepticismo que atraviesa la Edad Media son las que Agustín transmite en la obra consagrada a refutarlo.[8]

En todo caso, el viraje en la concepción de *philosophia*, de escuela de vida a práctica científica, conllevó un cambio similar en la caracterización de los propios "académicos". En efecto, también el escepticismo pasó de ser considerado una suerte de escuela de vida —en el sentido en que pudo serlo el escepticismo antiguo— a encontrarse, fundamentalmente a partir del siglo XIII, confinado a una serie de *tópoi* que los aspirantes a profesionales de la filosofía debían mostrarse capaces de superar dialécticamente, como parte de su formación universitaria.

En la primera mitad del siglo XIV, es precisamente esa práctica universitaria la que Nicolás de Autrecourt parece denunciar en el prólogo de su tratado, en una de las páginas más frecuentemente citadas del *Exigit ordo*:

"Los doctores que, como ejercicio, se recriminan unos a otros, completan en sus discusiones cuadernos con largas exposiciones de las palabras de Aristóteles. Ahora bien, si aceptan categóricamente que las palabras de Aristóteles son verdaderas por razón evidente, parecería del todo superfluo de su parte abandonar así la consideración de las cosas y dirigirse a las palabras de un hombre, pues no hay duda de que podrían lograr todo más rápidamente si obtuvieran una conclusión mediante cualquiera de las razones a su disposición".[9]

---

8 Por caso, la distinción entre "academicismo" y "escepticismo" presente en Sexto Empírico es omitida en las discusiones medievales, que toman ambos términos como sinónimos. Para la transmisión medieval de Sexto Empírico, véase P. Porro, "Il *Sextus latinus* e l'immagine dello scetticismo antico nel Medioevo", *Elenchos*, 2 (1994), 229-253. Por otra parte, conviene recordar que, en el caso del hiponense, el escepticismo académico fue una realidad efectiva que había podido conocer de primera mano, más que un tipo ideal, como acabaría siendo en la Baja Edad Media.

9 Nicolás de Autrecourt, *Exigit ordo* (en lo sucesivo citado como EO), en J. R. O'Donnell, "Nicholas of Autrecourt", *Mediaeval Studies* 1 (1939), 179-280, 197: "*nam doctores qui ad invicem excercitii causa conferunt in determinationibus*

No es la única crítica que se puede leer en la obra de Nicolás: el *Exigit ordo* prodiga dardos contra los *reverendi patres* que dedican sus esfuerzos a desentrañar los oscuros textos de Aristóteles "hasta que sus cabellos se vuelven blancos",[10] descuidando así un tipo de investigación que debería prescindir de las meras palabras para dedicarse "a las cosas". Ahora bien, esas primeras páginas del tratado han sido interpretadas, por lo general, poniendo un énfasis casi exclusivo en la crítica a la exégesis de los textos de Aristóteles y Averroes, e interpretando ese llamado "a dirigirse a las cosas" en el sentido de una "conversión" que, por su aparente desprecio de la actividad universitaria, parece guiado por una suerte de actitud de desconfianza hacia la actividad intelectual, que debiera ser abandonada en tanto estéril.

Según esta lectura, los prólogos del *Exigit ordo* parecen constituir una suerte de apología de esa "conversión" ultricuriana que, finalmente, sería condenada por "presuntuosa" en el proceso que culminó en 1347. Los sucesivos capítulos del tratado –aun aquellos que no circularon en el ambiente parisino y en los que Nicolás se encontraba trabajando al momento de la convocatoria a Avignon que truncó su carrera universitaria[11]– no serían sino esfuerzos por llevar adelante ese programa que en los prólogos apenas aparecía esbozado y, en la medida de lo posible, justificado. En las primeras líneas del primer prólogo se lee:

"En primer lugar, examiné la doctrina de Aristóteles y de su comentador Averroes, y vi que mil conclusiones (o casi) habían sido oscuramente demostradas por ellos, y especialmente aquellas cuyo conocimiento en más alto grado desea el intelecto. Es cierto

---

suis replent quaternos et processus formant longos in verba Aristotelis exponendo. Nunc autem si praecise verba Aristotelis accipiant esse vera propter rationem evidentem, eis superfluum omnino videtur sic considerationem dimittere rerum et se ad verba hominis convertere, nam dubium non est alicui quod brevius fieri poterat si a quolibet exprimeretur ratio propter quam tenebat conclusum". En todos los casos, las traducciones son propias.

10   Cf. EO 181. La crítica es retomada casi en los mismos términos por Petrarca. Como se verá en el siguiente capítulo, el humanista italiano derivará de ella conclusiones muy distintas de las de Nicolás.

11   Sobre la organización interna del *Exigit ordo*, su composición y circulación en la Universidad de París, véase Z. Kaluza, *Nicolas d'Autrecourt*, 148-185.

que no encontré razones demostrativas para oponer a todas, mas se presentaron otras razones por las cuales me resultó evidente que conclusiones opuestas a las suyas podían ser sostenidas con tanta probabilidad como las propuestas por ellos".[12]

Esta primera observación debe complementarse con la declaración que, hacia el final del prólogo, sugiere que lo que debe oponerse a esa adhesión acrítica al *corpus aristotelicum* no es la verdad de la fe –aun cuando se recurra, en algunos pasajes, a la *lex cristiana* como aquella que debe guiar los pasos del filósofo, tema sobre el que se volverá– sino un tipo de duda al que, a riesgo de caer en un anacronismo, bien podría caracterizarse como "metódica":

> "Por consiguiente, en contra de los así engañados, propongo que algunas conclusiones de Aristóteles acerca del intelecto [...] no constituyen de ningún modo conocimiento. En tal proceso, habrá numerosas conclusiones sobre las cuales se habrá de investigar, mas no por medio de certezas, sino de dudas".[13]

Más adelante se verá cómo es posible, para Nicolás, establecer los grados de probabilidad de una doctrina en relación con otra. Por el momento, baste señalar que es a partir de esta referencia a la duda como metodología de investigación (*dubitando inquiretur*), sumada a la indicación respecto del tipo de refutación que se pretende alcanzar de la filosofía de Aristóteles, que resulta posible realizar una lectura en clave escéptica del programa filosófico de Nicolás. Se trata, en otros términos, de una refutación elaborada a partir de argumentos que, en la medida en que no son concluyentes, son al menos probables. Finalmente, debe incorporarse a este esquema otra noción presente en las páginas

---

12 EO 181: "*Primo inspexi doctrinam Aristotelis et ejus commentatoris Averrois et vidi quod mille conclusiones, vel quasi, in occultis et specialiter in illis quorum cognitionem maxime desiderat intellectus erant ab eis demonstratae. Verum est quod non inveni rationes demonstrativas ad oppositum in omnibus, sed occurrerunt rationes aliquae per quas mihi visum fuit quod ita probabiliter possent teneri conclusiones oppositae sicut propositae ab eis*".

13 EO 198: "*Itaque proposui inter cetera contra sic deceptos aliquas conclusiones quas certum fuisse de intellectu Aristotelis [...] ostendere ab eis nullo modo fore scitas. In cujusmodi processu erant quam plurimae conclusiones super <quibus> non determinando sed dubitando inquiretur*".

     Gustavo Fernández Walker

del prólogo, a saber, las *verisimiles conjecturas* que Nicolás opone a determinadas argumentaciones aristotélicas.[14]

En síntesis, si fue posible una lectura "escéptica" de la obra de Nicolás de Autrecourt, ello se debe fundamentalmente a la presencia en este prólogo de tres conceptos clave, a saber: lo dudoso, lo probable y lo verosímil. No son otras las notas que Agustín identifica en los discursos de los académicos:

> "Y por esta razón, los Académicos parecían describir a su sabio –que, según ellos, nada debe afirmar– como uno que duerme y que abandona todos sus deberes. Y aquí ellos introdujeron una cierta probabilidad, a la que llamaban 'verosimilitud', y sostuvieron que de ningún modo el sabio deja de cumplir sus deberes, pues tiene sus reglas de conducta para seguir; pero que la verdad, sea por la oscuridad de la naturaleza, sea por las semejanzas entre las cosas, yacía escondida y confusa".[15]

Tampoco falta en Nicolás el recurso a la metáfora del sueño, una imagen recurrente en la historia de la filosofía –la referencia kantiana al "sueño dogmático" del que lo despertó la lectura de Hume es, en ese sentido, ejemplar–, si bien en el texto agustiniano los roles aparecen curiosamente invertidos: el que "duerme" es, según el texto de *Contra Academicos*, el escéptico. Y, consecuentemente, es la filosofía cristiana la que lo "despierta".[16] Por su parte, cuando se recurre a la misma metáfora en las páginas del *Exigit ordo*, se lo hace al modo "kantiano": es precisamente el propio Nicolás, caracterizado como *amicus veritatis*, el que pretende despertar a los que duermen el "sueño dogmático". Un sueño que, en el nuevo contexto de la filosofía universitaria del *Trecento*, era inducido por el pensa-

---

14　EO 197: *"Adduco aliqua signa et aliquas verisimiles conjecturas quae debent in hac materia sufficere"*.

15　Agustín de Hipona, *Contra Academicos* II, 5, 12: *"Unde dormientem semper, et officiorum omnium desertorem, sapientem suum Academici describere videbantur, quem nihil approbare censebant. Hic illi inducto quodam probabili, quod etiam verisimile nominabant, nullo modo cessare sapientem ab officiis asserebant, cum haberet quid sequeretur; veritas autem sive propter naturae tenebras quasdam, sive propter similitudinem rerum, vel obruta, sed confusa latitaret"*.

16　*Ibid.* I, 1, 3.

miento aristotélico-averroísta,[17] dogmático para Nicolás, en la medida en que hacía uso de las conclusiones aristotélicas como principios indemostrables:

> "A causa de los discursos lógicos de Aristóteles y de Averroes, todos abandonaban las cuestiones morales y el cuidado del bien común [...] y cuando apareció el amigo de la verdad e hizo sonar su trompeta para despertar a los durmientes de su sueño, emitieron suspiros, hicieron en general signos de indolencia y, una vez recuperado el ánimo, se precipitaron sobre él casi armados para una guerra capital".[18]

Con todos estos ingredientes, se completa el cuadro de un Nicolás que parece, por momentos, muy cercano a la caracterización agustiniana del sabio académico: se maneja con argumentos probables, aduce conjeturas verosímiles, investiga mediante dudas y se enfrenta a los dogmáticos haciendo sonar su trompeta.

Ahora bien, en el caso de los académicos combatidos por Agustín, la definición de "probable" y su importancia dentro del esquema escéptico consiste en su capacidad de mover a la acción independientemente del asentimiento fuerte que, por oposición a lo verosímil, provoca lo verdadero. Escribe Agustín: "Llaman los académicos 'probable' o 'verosímil' a lo que, sin asentimiento formal de nuestra parte, basta para movernos a obrar".[19] Se

---

17   Porro se refiere al aristotelismo como "nuova filosofia dogmatica per eccellenza" (P. Porro, "Il *Sextus latinus*", 253). Bianchi y Randi, por su parte, apuntan: "In settant'anni [se refieren al lapso transcurrido entre mediados del siglo XIII y las primeras décadas del XIV], la filosofia aristotelica si trasforma da peggior nemico a principale alleato dell'ortodossia" (L. Bianchi, E. Randi, *Le verità dissonanti. Aristotele alla fine del Medioevo*, Bari, 1990, 60).

18   EO 181: "*Omnes propter logicos sermones Aristotelis et Averrois deserebant res morales et curam boni communis* [...] *cum insurrexit amicus veritatis et suam fecit sonare tubam ut dormientes a somno excitaret, emiserunt suspiria, omnino fecerunt signa tristitiae, et resumpto spiritu quasi armati ad capitale proelium in eum irruerunt*". Se trata de uno de los pasajes más citados del tratado, al punto de que de él toma Kaluza el título de su monografía. Esa notoriedad del pasaje es, en parte, la que justifica cierta predisposición en la bibliografía secundaria a privilegiar el aspecto crítico de la filosofía de Nicolás por sobre su *pars construens*: en efecto, la crítica a los *reverendi patres* se hace desde un ángulo moral y no desde una filosofía que pretende avanzar según los procedimientos científicos.

19   Agustín de Hipona, *Contra Academicos* II, 11, 26: "*Id probabile vel verisimiles Academici vocant quod nos ad agendum sine assensione potest invitare*".

trata de un tipo de motivación que será explícitamente cuestionado por Nicolás, en la medida en que el recurso al asentimiento que mueve a la acción puede funcionar muy bien en el ámbito forense,[20] pero nada tiene que ver con la filosofía:

"En cuestiones especulativas, nuestro objetivo es el conocimiento en sí mismo, de modo que la realidad se manifieste en el alma. No es como la obediencia que se debe a la ley, en la que el objetivo no es el conocimiento, sino la acción. Allí, el legislador utiliza argumentos que pueden conseguir el asentimiento de los hombres, porque sabe que, si se da el asentimiento, sigue la acción. Pero aquí nuestro objetivo es la demostración, por lo cual no resultaría apropiado utilizar argumentos de esta índole. Mejor, intentemos buscar la verdad acerca de las cuestiones presentes en proposiciones de suyo evidentes y en la experiencia".[21]

Se esconde, en estas últimas palabras, un verdadero programa filosófico, cuyas líneas fundamentales se adelantan en este prólogo: la verdad se debe buscar *in propositionibus per se notis et in experimentis*, aun cuando, como se vio, exista también un ámbito reservado a lo probable en esta investigación racional propia de la actividad filosófica.[22]

Es a partir de ese programa que tiene sentido ahora preguntarse por la práctica del filósofo, que se opone a las prácticas condenables de los meros exégetas de Aristóteles.

Pars construens: la vía del *verus philosophus*

En su primera carta a Bernardo de Arezzo, Nicolás le reprocha al franciscano que su aceptación de la tesis según la cual "el cono-

---

20 Al respecto, Z. Kaluza, *Nicolas d'Autrécourt, ami de la vérité*, 23-31, en donde el autor reconstruye la formación en derecho civil de Nicolás y su posible influencia en su obra filosófica.

21 EO 184: *"Nunc in speculativis non quaerimus nisi ipsum scire ut res veniat in apparentia apud animam. Non est sicut in observantiis legalibus ubi quaeritur non cognitio sed opus; et ideo ibi talibus argumentis utitur legislator ut homines inducat ad assensum; nam scit quod assensu posito sequitur opus. Sed hic non quaerimus nisi evidentiam, et ideo non videtur quod dignum sit uti talibus argumentis; sed quaeramus veritatem quaesitorum in propositionibus per se notis et in experimentis".*

22 Para un análisis de la epistemología ultricuriana, véase el fundamental C. Grellard, *Croire et savoir. Les principes de la conaissance selon Nicolas d'Autrécourt*. París, 2005.

cimiento intuitivo claro es aquel por el cual juzgamos que una cosa existe, exista ella o no" conduce a un escepticismo radical. La posición de Bernardo se apoya en la distinción entre causas naturales y causas sobrenaturales. Resulta necesario recordar aquí que la cuestión acerca de la *potentia Dei* constituye uno de los grandes debates que signan las primeras décadas del siglo XIV. Brevemente, se podría decir que la omnipotencia divina es capaz de hacer por sí misma lo que hacen las causas subalternas. Así, alguien podría experimentar la percepción de un objeto, aun cuando ese objeto no existiera realmente, puesto que la intervención divina sería capaz de generar por sí sola la experiencia del objeto en el sujeto que conoce. Bernardo pretende salvar la experiencia afirmando que, de no producirse esa intervención sobrenatural, el curso natural de las cosas justificaría nuestro asentimiento. Nicolás repara, sin embargo, en que el sujeto que conoce no tiene la capacidad de discernir si se está produciendo efectivamente una intervención sobrenatural o no, puesto que, desde su punto de vista, la experiencia en uno u otro caso sería la misma. Y puesto que no tiene forma de discernir si la experiencia es producida por el objeto o por la intervención divina, se concluye que no puede afirmar con certeza la existencia del objeto como causa próxima de esa experiencia.

Nicolás va aun más lejos: no sólo Bernardo no puede afirmar la existencia de los objetos que percibe mediante los sentidos, sino que tampoco puede dar cuenta de sus propios actos, puesto que se requiere una segunda intención para dar cuenta de la primera, con lo cual el esquema se repite para las afecciones del alma.[23] Por eso, concluye Nicolás,

> "me parece que de tu posición se siguen cosas aun más absurdas que las que resultan de la posición de los Académicos. Y por tanto, para evitar esos absurdos, en mis disputas en el Aula

---

23 La noción de *intentio* es compleja y, con sus diversas acepciones y matices, atraviesa todo el pensamiento medieval. En el siglo XIV, cobra particular relevancia su utilización en lógica, a partir de la obra de Guillermo de Ockham. Tal como la usa aquí Nicolás de Autrecourt, una intención primera es aquella mediante la cual el intelecto se dirige a un objeto; una segunda intención es aquella mediante la cual el intelecto toma como objeto uno de sus propios contenidos, esto es, una intención primera.

   Gustavo Fernández Walker

de la Sorbona, sostuve que poseo conocimiento evidente de los objetos de los sentidos y de mis propios actos".[24]

Independientemente del aspecto doctrinal de la discusión, interesa aquí el explícito rechazo de Nicolás a la filosofía académica: no sólo califica las proposiciones de los académicos como meras *absurditates* sino que, además, postula la posibilidad de un conocimiento evidente cierto, a saber: los objetos de los sentidos (por ejemplo, un color) y las propias afecciones del alma (por ejemplo, el miedo). En las páginas del *Exigit ordo*, Nicolás sostiene una posición similar, lo cual invita a pensar que no son otras aquellas "cosas" a las que hay que dirigirse como punto de partida en la investigación de la verdad, por oposición a las palabras de Aristóteles. Esa oposición es explícitamente puesta de manifiesto en el segundo prólogo del tratado:

> "<existen> maestros que, en sus cuestiones, de diez razones apenas resuelven completamente una, pero en favor de la proposición mayor o bien de la menor solamente alegan un dicho de Aristóteles o de su Comentador; las cuales, con todo, tal como aparecen en sus cuadernos, no son conocidas a partir de los términos, ni son tales que el intelecto asiente a ellas naturalmente, ni son algo que experimentemos en nosotros. En todas estas cuestiones y en otras similares vio mi mente que se encontraba el error y un no pequeño engaño, por lo cual, conducido por el celo de la caridad, creí que debía acudir en auxilio de su opinión. Sabe Dios que no es por amor a la gloria, sino porque creo que por medio de la investigación a partir de los principios reinará la verdad en el alma y no habrá más lugar para la falsedad".[25]

---

24 Nicolás de Autrecourt, *Prima epistola ad Bernardum* (en C. Grellard, *Nicolas d'Autrecourt. Correspondance*), 17: *"Et, ut michi apparet, absurdiora sequuntur ad positionem vestram quam ad positionem Academicorum. Et ideo, ad evitandum tales absurditates, sustinui in aula Sorbone in disputationibus quod sum certus evidenter de objectis quinque sensuum et de actibus meis"*.

25 EO 198: *"Tertium signum est in docentibus qui in suis quaestionibus de decem rationibus vix unam plenarie resolvunt, sed solum pro majori propositione vel minori allegant dictum Aristotelis seu ejus Commentatoris, ubi tamen propositiones sicut appareret eorum quaternos intuenti nec sunt notae ex terminis nec de his sunt quibus assentit naturaliter intellectus nec est aliquod quod experimur in nobis. Haec omnia et plura talia vidit animus meus in quibus esse errorem arbitratus et deceptionem non modicam, quocirca caritatis zelo*

Una vez más, Nicolás parece explicitar su programa: el camino para alcanzar la verdad es el de la investigación caracterizada "científicamente": el verdadero filósofo debe proceder *per inquisitionem ex principiis.* Si a los objetos de los sentidos y las afecciones del alma sumamos las proposiciones de suyo evidentes y los experimentos mencionados antes como punto de partida para la investigación, comienza a delinearse un perfil intelectual que poco tiene del escepticismo que las fuertes críticas al ambiente universitario parisino de los prólogos del tratado hacían suponer.

Si no bastara con esto, aparece también en Nicolás una suerte de confianza casi utópica en el progresivo avance de la investigación filosófica que parece poco compatible con la lectura escéptica que se pretendió hacer de su obra. En el capítulo consagrado a la cuestión *de aeternitate rerum,* Nicolás manifiesta en qué medida su atomismo, en comparación con la filosofía de Aristóteles, resulta más compatible con ciertos dogmas cristianos como el de la resurrección y el sistema de premios y castigos *post mortem.* En el marco de esa argumentación, ofrece el siguiente panorama de la investigación filosófica:

> "Ruego a Dios que esto no sea tomado a mal por nadie. Puesto que, si bien en mi opinión ello parece mucho más probable que lo afirmado por Aristóteles, también, del mismo modo en que las palabras de Aristóteles parecían probables y ahora no lo parecen tanto, así alguien vendrá a cuestionar la probabilidad de las mías".[26]

---

ductus opinioni eorum succurendum existimavi. Scit Deus non amore gloriae, sed quia credo quod per inquisitionem ex principiis regnavit veritas in anima et amplius non erit locus falsitati".

26   EO 187: *"Pro Deo rogo ut nullum ad malum ista moveant; nam etsi appareant probabiliora longe, mihi videtur, positis ab Aristotele; tamen sicut multo tempore visa sunt esse probabilia dicta Aristotelis quorum probabilitas nunc forsan diminuetur, sic veniet unus qui tollet probabilitatem ab istis".* Se trata del pasaje en el que, según la comisión que llevó adelante el proceso en su contra, Nicolás aplicó una estratagema "propia de un zorro" (*excusatio vulpina*). En cuanto a la falibilidad de Aristóteles, ella constituye una suerte de *topos* presente en Alberto Magno (en el texto que oficia de epígrafe a este capítulo), e incluso en un tratado "averroísta" como las *Quaestiones super librum de causis* atribuido a Siger de Brabante. Véase A. Marlasca, *Les Quaestiones super librum de causis de Siger de Brabant. Édition critique,* Louvain-París, 115: *"Quidam enim exponunt Aristotelem sic ut faciant eum*

                    GUSTAVO FERNÁNDEZ WALKER

Así pues, el ámbito propio de la investigación racional aparece dotado de un inusual dinamismo: la insistencia en el carácter provisorio del saber humano es acompañada por la confianza en la progresiva superación de ese saber. Al propio Nicolás no se le escapa que este modelo era, en el fondo, profundamente aristotélico: quienes siguen a Aristóteles, que fue capaz de refutar a los que lo precedieron, deberían saber mejor que nadie que el propio Aristóteles puede, a su vez, ser refutado.[27] Así, si alguna vez la filosofía de Aristóteles demostró ser más probable que la de sus detractores, para Nicolás su propia filosofía, más probable que la de Aristóteles, podrá ser eventualmente refutada y superada por algún otro.

A ese dinamismo propio de la investigación racional, Nicolás opone la inmutabilidad de la ley cristiana; al fin y al cabo, en eso consiste el sentido absoluto de la verdad de la fe. De allí que no haya necesariamente una contradicción entre esta caracterización de la actividad filosófica y el propósito declarado por Nicolás en el prólogo del *Exigit ordo*:

> "Declaro que ni en este tratado ni en ningún otro deseo decir algo que vaya en contra de los artículos de la fe, o contra las determinaciones de la Iglesia, o contra los artículos cuyos opuestos fueron condenados en París, etc. Sólo deseo investigar, excluyendo toda ley positiva, cuánta certeza puede tenerse acerca de las cosas".[28]

---

sapere quod intellectus est unus omnium hominum; quidam autem aliter. Qualitercumque autem senserit, homo fuit et errare potuit". Como señala Z. Kaluza, la particularidad de Nicolás es que, a diferencia de otros autores (Avicena en *Metafísica* VII, 2; Tomás en *Summa Theologiae* I, 44, 2c) para quienes el final de ese progreso culminaba con la propia obra y la propia época, para Nicolás el proceso continúa ininterrumpidamente. Al respecto, Z. Kaluza, "Nicolas d'Autrécourt et la tradition", 380, n. 33.

27 Al respecto, *cf.* EO 197-198.

28 EO 182: *"Protestor quod nec in isto tractatu nec in aliis aliquid volo dicere quod sit contra articulos fidei vel contra determinationem ecclesiae vel contra articulos quorum oppositi condemnati sunt Parisius etc., sed solum volo inquirere, circumscripta omni lege positiva, qualis certitudo possit haberi de rebus".* Para las referencias a la condena de 1277 en autores del siglo XIV, véase E. P. Mahoney, "Reverberations of the Condemnation of 1277 in Later Medieval and Renaissance Philosophy", en *Nach der Verurteilung von 1277*, ed. J. Aertsen, K. Emery, Jr. y A. Speer (Miscellanea Mediaevalia, 28), Berlín, 2001, 902-930, esp. 914-923.

En efecto, el análisis de los argumentos de los filósofos transcurre siempre por las vías de la razón. Sólo allí donde no es posible establecer racionalmente una certeza, la fe puede acudir en auxilio. De hecho, las referencias a los contenidos de la fe en el *Exigit ordo* son relativamente escasas. En cualquier caso, la conciencia de los propios límites de la razón humana no absuelve al filósofo de la responsabilidad de agotar todo su arsenal a la hora de trazar esa cartografía, siempre provisoria. De allí, también, que los argumentos probables sean importantes para el avance de la investigación. En la medida en que un argumento sea más probable que otro se estará dando un paso en dirección a la verdad.

En lo que concierne a la comparación entre dos doctrinas contrapuestas, en el primer y fundamental capítulo del *Exigit ordo*, dedicado a la cuestión *de aeternitate rerum*, Nicolás opone a la doctrina aristotélica de la generación y la corrupción su propia concepción de la eternidad de todo lo creado, a partir de un atomismo que descansa sobre la separación entre las nociones de *ens* y *apparens*.[29] Allí se sugiere un método que permite establecer en qué medida una teoría debe ser preferida a la otra:

> "Si estos argumentos no fueran encontrados completamente concluyentes, aun así nuestra posición es probable, y más probable que los argumentos ofrecidos para la conclusión opuesta. Puesto que, si aquellos que mantienen conclusiones opuestas poseen argumentos, que los declaren; y que los amantes de la verdad comparen entre ellos. Creo que a cualquiera que no esté inclinado de antemano a favor de un lado antes que del otro, el mayor grado de probabilidad de los argumentos que he propuesto le resultará evidente".[30]

---

29 Según Nicolás, resulta imposible deducir la destrucción de un objeto a partir del hecho de que antes aparecía y ahora no, puesto que la no-aparición no es suficiente para probar la no-existencia. Se invierte, pues, la carga de la prueba: son quienes afirman la doctrina aristotélica de la generación y la corrupción los que deben demostrar ese paso del ser al no-ser (y viceversa), que Nicolás niega a partir de una metafísica atomista en la que sólo hay movimiento local de átomos. La distinción entre *ens* y *apparens* cobrará aun mayor importancia en la sexta parte del *Exigit ordo*, consagrada a la cuestión *An omne illud quod apparit sit*, es decir, si todo cuanto aparece existe.

30 EO 203: "*Et si istae rationes non reperirentur omnino concludere, tamen probabilis est positio et probabilior rationibus conclusionis oppositae. Si enim*

   Gustavo Fernández Walker

Tal como es formulado, el procedimiento correcto parece consistir en una comparación que discurre siempre por el ámbito propio de la investigación racional, una metodología ciertamente familiar en la *Vico Straminum* de París: el ámbito natural del filósofo resulta el propio de la universidad.[31] En efecto, el llamado a una comparación entre dos doctrinas contrapuestas, sin estar inclinado de antemano a resolver la cuestión a favor de una de ellas, tiene mucho del método de producción y transmisión de conocimiento consagrado en las universidades medievales. Es, de hecho, una de las posibles caracterizaciones del método escolástico.

Por lo demás, en la segunda parte del primer prólogo del tratado, Nicolás detalla las reglas que deben gobernar la relación entre los integrantes de esa comunidad universitaria. En rigor, se trata de una regla que recibe dos formulaciones diversas. La primera de ellas reza:

"[R_1] Para que se muestre la verdad, propondré una regla moral que me parece notable y sumamente útil, y es la siguiente: Todo hombre a quien se le presenten acerca de determinadas cuestiones todos los conceptos que se le presentan a toda una comunidad –y se le presenten espontáneamente y a partir de sí mismo, y no recibiéndolos de otro–, y sobre éstos y más allá de éstos se le presenten, siempre a partir de sí mismo y no recibidos de otro, otros claros como aquellos y aun más claros, gracias a los cuales parece alcanzar las mismas cosas y en grado más íntimo, todo entendimiento de tal tipo puede mantener, sin considerarse presumido, algunas conclusiones que se apartan de las aceptadas por toda la comunidad, e incluso directamente

<hr>

habeant rationes qui tenent conclusiones oppositas, dicant eas et faciant super his comparationem amatores veritatis et credo quod cuilibet non magis affectato ad unam partem quam ad aliam apparebit gradus probabilitatis excedens in his rationibus". Para la noción de *"amator veritatis"*, véase también EO 197-198.

31 En este sentido es que debe distinguirse la crítica de Nicolás a Aristóteles de la de algunos de sus contemporáneos, como Pedro Olivi: la motivación de la crítica no tiene, en última instancia, una raíz teológica, sino puramente filosófica. Para la relación entre Nicolás y Pedro Olivi, *cf.* Z. Kaluza, "Nicolas d'Autrécourt et la tradition", 372-373.

opuestas a ellas; y esto con el grado de certeza necesario para su capacidad de juzgar".[32]

Nicolás se apresura a señalar que su caso se inscribe dentro de la segunda, para evitar la crítica de que su refutación de Aristóteles esté dirigida por el *amor gloriae*.

"[R$_2$] En mi defensa, ofrezco otra regla civil, que es la siguiente: en algunas cuestiones, una persona presenta algunos pensamientos que corren en contra de la opinión general. Discute la cuestión con personas cuyo juicio respeta. Tras mantenerse por mucho tiempo, porque sus puntos de vista han aparecido y aparecen aún claros para él, puede y debe, particularmente en cuestiones puramente especulativas, declarar su propio juicio honestamente, y presentar sus puntos de vista como verdaderos, para someter esos juicios a examen. Y por tanto, puesto que una persona así no presenta una falsa opinión de su propio juicio, no cae en la falta a la que se aludió más arriba. Ahora bien, yo soy una persona así".[33]

Si se leen esas referencias a las autoridades como algo más que una mera apelación retórica, puede imaginarse que no todos los maestros de artes y teólogos caen dentro de la categoría de meros exégetas de Aristóteles que el *Exigit ordo* condena. Una vez más, la crítica no está dirigida a toda la comunidad universitaria, sino simplemente a algunos –acaso muchos, pero en

---

32   EO 182: *"Et ut veritas videatur ponam unam regulam, regulam moralem quae mihi videtur esse notabilis et utilis multum et est ista: omnis homo ad quem veniunt, et praecipue quasi naturaliter et ex se non receptive ab alio, omnes conceptus super aliquibus quaesitis qui veniunt ad aliquam totam multitudinem super illis et ultra quos quasi ex se non receptive ab alio veniunt conceptus ita, alii clari sicut isti et clariores, per quos ipsas res magis videtur attingere et sibi magis intimare, intellectus omnis talis potest ponere sine hoc quod sit caymotes vel praesumptuosus aliquas conclusiones in illis quaesitis praeter illas quae sunt positae a tota communitate, immo directe oppositas eis et cum certitudine satis sufficienti suo judicio".*

33   EO 183: *"Igitur ad me exonerandum pono aliam regulam civilem quae est ista: omnis homo cui super aliquibus quaesitis occurrunt aliqua contraria toti communitati et tractatu habito cum aliquibus quos existimat recti judicii, stetit longo tempore quod sibi apparuerunt et adhuc apparent, potest et debet praecipue in mere speculativis manifestare fideliter suum judicium et ponere ea ut vera, sed ut consideretur in eis; et ideo, cum talis non habeat falsam existimationem de suo judicio, non incidit in illud vitium de quo supra. Nunc ego sum hujusmodi".*

última instancia no todos– que se apartan de los principios que deberían guiar la investigación racional.

Si R_1 pone especial énfasis en el hecho de que sea el propio juicio el que alcance las conclusiones de los razonamientos, sin recurrir a nada que provenga "de afuera", R_2 parece abrir el juego a una participación de esas "personas cuyo juicio respeta". De algún modo, las reglas se complementan: esos razonamientos *ex se* y no *ab alio* a los que una y otra vez hace mención Nicolás en R_1, parecen la condición que se espera de aquel que luego, en R_2, someta esos razonamientos a un tribunal de pares. Una verdadera discusión sólo puede tener lugar entre personas que, *fideliter*, presentan su propio pensamiento como fruto de un autoexamen minucioso, y no entre aquellos que, cuando la discusión se aparta de la letra de los textos de Aristóteles, se niegan a escuchar a su interlocutor, tomando el texto aristotélico como principio indemostrable y alegando que *contra negantem principia non est disputandum*.[34]

Por otra parte, una de las principales notas del autoexamen que Nicolás exige a este tipo de filósofo –categoría en la que él mismo se inscribe: *ego sum huiusmodi*– consiste en la precaución a la hora de pronunciarse. Una de las características que permiten establecer la superioridad de un intelecto sobre otro es que el más rectamente dispuesto sólo procede a hablar después de asegurarse de que tiene algo para decir. En cierto modo, se trata de la contracara de aquellos doctores que completan innumerables cuadernos comentando a Aristóteles. A la verborragia peripatética, Nicolás opone una moderación casi espartana en el discurso filosófico:

> "Más aun, quienes se dedican a la filosofía no deberían admitir tal palabrerío, al que utilizan como escudo los que no tienen otro modo de resistirse a la verdad".[35]

La justificación se encuentra en uno de los capítulos fundamentales del *Exigit ordo*, dedicado a la relación entre apariencia

---

34 Sobre la importancia de este principio, véase Z. Kaluza, "Nicolas d'Autrécourt et la tradition", 366-374 y Z. Kaluza, *Les querelles doctrinales à Paris*, Bergamo, 1988, 92 y ss.

35 EO, 203: *"Amplius philosophantes non admittant eso in talibus verbositatibus quibus clipeisant illi qui nesciunt resistere veritati."*

y existencia que, como se ha dicho, resulta clave en la epistemología ultricuriana:

> "Al respecto, considérese que la superioridad del intelecto de un hombre sobre el de otro se produce de una de las dos formas mencionadas: sea porque las apariencias de las cosas vienen a él en mayor número y más rápido, sea porque reflexiona más acerca de las apariencias y es menos apresurado en pronunciarse acerca de ellas".[36]

Desplegadas a lo largo de todo el tratado, este tipo de consideraciones metodológicas ofrecen un perfil de filósofo que resulta mucho más complejo que la figura del *enfant terrible* consagrada por las primeras descripciones de la obra de Nicolás de Autrecourt, centradas particularmente en el episodio de su condena.

A modo de conclusión, pues, se intentará resumir las principales características del perfil de filósofo que fueron emergiendo en los pasajes analizados.

Consideraciones finales

En líneas generales, se podría decir que una lectura cuidadosa del tratado *Exigit ordo* –de sus prólogos, desde ya, pero también de otros pasajes de los capítulos consagrados a la discusión de problemas específicos, como la eternidad de las cosas, o la distinción entre apariencia y existencia– sugiere que el perfil de filósofo que Nicolás parece promover es uno más cercano al del *magister* universitario para el que la filosofía consistía en una *scientia*. Ahora bien, esa caracterización se debe hacer con algunas reservas. Las críticas a la práctica filosófica profesional de algunos de sus contemporáneos es lo suficientemente explícita como para impedir que su nombre sea tratado como apenas uno más en esa tradición, ya consagrada en las primeras décadas del siglo XIV. A su vez, podría discutirse en qué medida los principios que guían la práctica profesional ultricuriana –principios

---

36   EO, 234: "*Et circa hoc considera quod praeeminentia intellectus unius supra intellectum alterius est secundum alterum duorum dictorum supra modorum, vel quia plures habet apparentias circa res et magis subito sibi occurrunt, vel quia magis reflectit supra suas apparentias, nec faciliter exit ad actum dicendi.*"

    Gustavo Fernández Walker

que, en tanto tales, deben por definición caer fuera del ámbito propio de la *scientia*— no se encuentran predeterminados por una idea del Bien que se identifica con la *lex christiana*.[37]

Sin embargo, no resulta sencillo asociar sin más a Nicolás con una tradición en la que se inscribe la definición de *philosophia ancilla theologiae*. En ese sentido, Nicolás de Autrecourt es un típico exponente de una época en la que la filosofía conquistaba paulatinamente su independencia y abandonaba su papel meramente propedéutico. Entender ese proceso, sin embargo, como una suerte de intento revolucionario de la filosofía por liberarse de las cadenas de la teología sería equivocado, por anacrónico: las referencias a la *lex christiana* en los prólogos del tratado no son meros recursos retóricos para evitar la condena episcopal —de hecho, la condena no fue evitada— sino afirmaciones que ponen en relieve en qué medida la esfera de la *scientia philosophia*, aun siendo independiente, formaba parte de un universo ordenado en el que el Bien era la medida de todas las cosas, la propia *scientia* incluida.

Las encendidas discusiones de la correspondencia con Bernardo de Arezzo, en cualquier caso, demuestran la medida en la que los propios filósofos de esta primera mitad del siglo XIV eran de algún modo conscientes de la tensión existente al interior de ese programa.[38] En el caso de Nicolás de Autrecourt, esa tensión parece resolverse en una filosofía autónoma, de carácter científico (*per inquisitionem ex principiis*), pero fundamentalmente antidogmática (*non determinando sed dubitando inquiretur*). Ese antidogmatismo parece ser la característica fundamental del filósofo según Nicolás:

---

37   *Cf.* Z. Kaluza, "La convenance et son rôle dans la pensée de Nicolas d'Autrécourt", en C. Grellard, *Méthodes et statut des sciences au moyen âge et à la renaissance*, Lille, 2004, 83-126.

38   Al respecto, véase la interpretación del artículo 175 de la condena de 1277 ("*Quod lex christiana impedit addiscere*") en M. Lejbowicz, "Logique, mathématiques et contre-acculturation dans l'Université Médiévale", en S. Caroti, P. Souffrin (eds.), *La nouvelle physique du XIVe siècle*, Firenze, Olschki, 1997, 203-229.

"el verdadero filósofo, para apartarse del camino del vulgo, no debe aceptar ciertas cosas por delante de sus principios sólo porque sean famosas".[39]

Así pues, la crítica a las categorías aristotélicas de pensamiento no conlleva, para Nicolás de Autrecourt, una valoración negativa de la filosofía entendida como práctica profesional en un marco institucional-universitario, aun cuando esa concepción de la filosofía como *scientia* aparezca como una consecuencia de la progresiva metabolización del *corpus* aristotélico en la universidad medieval. En efecto, la noción de *philosophia* que parece desprenderse de los textos ultricurianos no opone a la exacerbación de la cultura exegética un retorno a una concepción filosófica de corte agustiniano –al modo de otros autores del siglo XIV, contemporáneos de Nicolás–, o un liso y llano desprecio del ámbito universitario –como otra importante figura del *Trecento* como Petrarca–, sino que delinea el perfil de un filósofo dentro del marco profesional típico de la universidad medieval.

El dramático episodio de la condena, por la cual Nicolás fue expulsado de ese ámbito, no debería hacer perder de vista que, independientemente del resultado de su programa, la filosofía de Nicolás de Autrecourt permanece fundamentalmente universitaria.

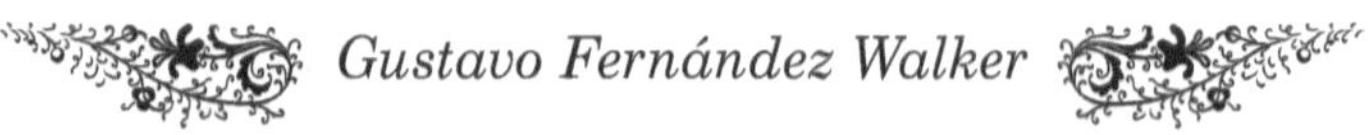

Gustavo Fernández Walker

Universidad de Buenos Aires/
Conicet

---

39 EO 197: "*Verus philosophus viam vulgi deserens non debet accipere aliqua pro principiis eo quod famosa sint*".

Bibliografía

a) Fuentes

Agustín de Hipona, *Contra Academicos* (en *Obras filosóficas*, III), Madrid, BAC, 1971.

L. M. De Rijk, *Nicholas of Autrecourt, His Correspondence with Master Giles and Bernard of Arezzo: A Critical Edition and English Translation*, Leiden, 1994.

C. Grellard, *Correspondance. Articles condamnés* (texte latin établi par L. M. de Rijk, Introduction, traduction et notes par Ch. Grellard), París, Vrin, 2001.

J. R. O'Donnell, "Nicholas of Autrecourt", en *Mediaeval Studies* 1 (1939), 179-280 (edición del *Exigit ordo*, junto a la *Quaestio de qua respondit Magister Nicolaus de Ultricuria*).

Nicolás de Autrecourt, *Il "Trattato"* (traduzione, introduzione e note a cura di Antonella Musu), Firenze, Edizioni ETS, 2009.

b) Secundaria

L. Bianchi, E. Randi, *Le verità dissonanti. Aristotele alla fine del Medioevo*, Bari, Laterza, 1990.

S. Caroti, "'*Or i est, or n'i est une*'. Nicolas d'Autrécourt et le *ludus baterellorum* ou de la génération et de la corruption", en C. Grellard *et al.* (eds.), *Chemins de la pensée médiévale. Etudes offertes à Zénon Kaluza*, Turnhout, Brepols, 2002, 135-168.

S. Caroti, C. Grellard (eds.), *Nicolas d'Autrécourt et la faculté des arts de Paris (1317-1340)*, Cesena, Stilgraf, 2006.

C. Grellard, "Le statut de la causalité chez Nicolas d'Autrecourt", *Quaestio, 2 (2002),* 267-289.

————, "Les présupposés méthodologiques de l'atomisme : la théorie du continu chez Nicolas d'Autrécourt et Nicolas Bonet", en C. Grellard (ed.), *Méthodes et statut des sciences à la fin du moyen âge*, Lille, Presses Universitaires du Septentrion, 2004, 181-199.

————, "Comment peut-on se fier à l'experience? Esquisse d'une typologie des réponses médiévales au problème sceptique", *Quaestio*, 4 (2004), 113-135.

————, *Croire et savoir. Les principes de la connaissance selon Nicolas d'Autrécourt*, París, Vrin, 2005.

————, "Scepticism, Demonstration and the Infinite Regress Argument (Nicholas of Autrecourt and John Buridan)", *Vivarium*, 45 (2007), 328-342.

————, "Nicholas of Autrecourt's Atomistic Physics", en C. Grellard, A. Robert (eds.), *Atomism in Late Medieval Philosophy and Theology*, Leiden, 2009, 107-126.

Z. Kaluza, "*Serbi un sasso il nome*: une inscription de San Gimignano et la rencontre entre Bernard d'Arezzo et Nicolas d'Autrécourt", en B. Mojsisch, O. Pluta (eds.), *Historia philosophiae medii aevii. Studien zur Geschichte der Philosophie des Mittelalters*, Amsterdam-Philadelphia, 1991, 437-466.

————, "Nicolas d'Autrécourt, ami de la vérité", en *Histoire littéraire de la France*, XLII/1, París, Académie des Inscriptions et Belles Lettres, 1995.

————, "Nicolas d'Autrécourt et la tradition de la Philosophie grecque et arabe", en A. Hasmawi, A. Elamrani-Jamal y M. Aouad, *Perspectives arabes et médiévales sur la tradition scientifique et philosophique grecque*, Leuven, 1997, 365-393.

————, "Voir: la clarté de la connassance chez Nicolas d'Autrécourt", en *Micrologus V.1: la visione e lo sguardo nel Medioevo*, Galuzzo, 1997, 89-105.

————, "Les catégories dans l'*Exigit Ordo*. Étude de l'ontologie formelle de Nicolas d'Autrécourt", en *Studia Mediewistyczne*, XXXIII (1998), 97-124.

————, "Eternité du monde et incorruptibilité des choses dans l'*Exigit Ordo* de Nicolas d'Autrécourt", en G. Alliney, L. Cova, *Tempus, aevum, aeternitas. La concettualizzazione del tempo nel pensiero tardomedievale*, Firenze, LS Olchski, 2000, 207-240.

————, "La convenance et son rôle dans la pensée de Nicolas d'Autrécourt", en C. Grellard (ed.), *Méthodes et statut des sciences à la fin du moyen âge*, Lille, Presses Universitaires du Septentrion, 2004, 83-126.

M. Lejbowicz, "Logique, mathématiques et contre-acculturation dans l'Université Médiévale", en S. Caroti, P. Souffrin (eds.), *La nouvelle physique du XIVe siècle*, Firenze, Olschki, 1997, 203-229.

E. P. Mahoney, "Reverberations of the Condemnation of 1277 in Later Medieval and Renaissance Philosophy", en *Nach der Verurteilung von 1277*, ed. J. Aertsen, K. Emery, Jr. y A. Speer (Miscellanea Mediaevalia, 28), Berlín, 2001, 902-930.

P. Porro, "Il *Sextus latinus* e l'immagine dello scetticismo antico nel Medioevo", *Elenchos*, 2 (1994), 229-253.

Petrarca o la filosofía fuera de la Universidad

Si nos atenemos a la estructura formal de los escritos de Petrarca, éstos están lejos de semejarse a un tratado filosófico medieval. De hecho, algunos críticos han desestimado la relevancia filosófica no sólo de los escritos petrarquescos sino también de la producción literaria del Humanismo en general, viendo, en las contradicciones internas y el énfasis puesto en la retórica y la filología, una cierta superficialidad.[2] Sin embargo, también hay quienes consideran que el Humanismo fue un fenómeno que no se reducía meramente a lo literario, retórico o lingüístico sino que la atención por la forma y pureza del latín, junto con la búsqueda de nuevos géneros literarios –como el epistolar o la poesía– constituían, a su vez, un modo de hacer filosofía.[3]

---

1   Petrarca, *Canzoniere,* VII, 10-11.

2   Cf. Kristeller, P.O, *El pensamiento renacentista y sus fuentes,* México, Fondo de Cultura Económica, 1982.

3   Garin, E., *L'Umanesimo Italiano,* Bari, Laterza, 1998, p. 9.

Cierto es que ni Petrarca se concebía a sí mismo como un filósofo ni su obra perseguía la sistematicidad que tenían los tratados escolásticos. Y es que, justamente, no era ni el rigor lógico, ni la conservación de un valor de verdad lo que animaba el interés del poeta. Por el contrario, éstas serán algunas de las notas que criticará al escolasticismo de sus coetáneos, lo que le valió muchas veces el ser tachado de anti-filosófico. No obstante, es posible rastrear en su obra una concepción de *philosophia* subyacente que va cobrando forma y sentido en el marco de las disputas que sostuvo con los intelectuales de su época, representantes precisamente del escolasticismo. Así, el presente capítulo estará constituido por tres secciones. En la primera, se aludirá a la filosofía escolástica. En la segunda, se analizarán las diferentes críticas que Petrarca realiza a los universitarios de su tiempo. Finalmente, en la tercera sección, se rastreará la definición de *philosophia* petrarquesca.

La filosofía en el siglo XIV

Es seguro que a partir de finales del siglo XII, Occidente conoció, tras el reingreso de los escritos naturales y morales de Aristóteles, una noción de *scientia* radicalmente distinta, que trajo como consecuencia el surgimiento de un nuevo método de interpretación y, de una nueva forma de transmisión y de aprendizaje de los conocimientos. Esta nueva *forma mentis*, tan radicalmente diversa de la que la cultura monacal hasta entonces conocía, alcanzó su plena madurez en el siglo XIII con el método escolástico desarrollado en los claustros universitarios. El nuevo contacto con textos aristotélicos, hasta entonces desconocidos, significó tanto una reorganización profunda del sistema educativo universitario como el surgimiento de un nuevo modo de argumentación y producción de conocimiento filosófico, basado en un método claramente regulado: la *disputatio* y el comentario.

Las actitudes que asumieron los intelectuales frente a este reingreso fueron diversas y se podrían clasificar en tres grandes líneas. En primer lugar, se encuentra la recepción *crítica* del pensamiento de Aristóteles, en la que prima el intento por

 MARCELA BORELLI

hacer coincidir los principios dogmáticos de la fe y el proceder de la racionalidad. Los principales exponentes de esta actitud son Tomás de Aquino y Alberto Magno. En segundo lugar, la recepción *acrítica,* en la que los principios de la razón y las enseñanzas de la fe son considerados por separado, al punto de poder afirmar, por medio de los procedimientos científicos, verdades contrarias a la fe. En este sentido, se considera que no hay que hacer esfuerzos para resolver la *concordia discordantium,* pues la verdad que el teólogo busca es diversa de la perseguida por el filósofo.[4] Recordemos que a quienes adoptaron esta postura se los denominó también "averroístas latinos", pues consideraban a Averroes como el intérprete más adecuado de Aristóteles. El representante por excelencia de esta actitud es Siger de Brabante. En tercer lugar, se halla el *rechazo* de la filosofía aristotélica e incluso la condena de muchas de sus tesis. Quienes adoptaron esta actitud veían en Aristóteles y en sus comentadores un pensamiento pagano que representaba una amenaza. Aunque estos intelectuales optaron por el rechazo del pensamiento aristotélico, tuvieron que aceptar y asimilar algunos elementos propios de éste, aun sin recurrir a sus textos. Como contrapartida, buscaron refugio en Agustín y en los neoplatónicos. Representantes significativos de esta actitud en el siglo XIII son Buenaventura y John Peckham.

En el siglo siguiente, asistimos a la crisis de este sistema. En el interior de los claustros universitarios se pueden reconocer tres grandes vertientes en las que el método escolástico decantó tras su progresivo agotamiento y esterilidad. En primer lugar, se encuentra la *línea especulativa,* que deriva de la síntesis entre filosofía y teología que tanto Tomás de Aquino como Duns Escoto habían intentado llevar a cabo; el primero sosteniendo la compatibilidad de ambas, el segundo buscando su conciliación. Esta línea puso el acento, mayormente, en el refinamiento de la técnica escolástica de la *disputatio,* convirtiendo aquello que era considerado un instrumento de enseñanza y de cono-

---

4   Cf. Lohr, C.H., "The Medieval Interpretation of Aristotle" en: Kretzmann, N., Kenny, A., Pinborg, J., (edits.), *The Cambridge History of Later Medieval Philosophy: from the rediscovery of Aristotle to the disintegration of scholasticism: 1100–1600,* Cambridge, Cambridge University Press, 1982, pp. 80-81.

cimiento en un fin en sí mismo. De este modo, el método escolástico devino en *theologia disputatrix*. En segundo lugar, la vertiente del *averroísmo latino* o aristotelismo extremo se fue configurando progresivamente como una ciencia de lo natural. Ésta consideraba al hombre como una parte integrante de la naturaleza dejando relegada, de algún modo, la consideración de la dimensión espiritual del hombre. En tercer lugar, hacia fines del siglo XIII y principios del XIV, surge la corriente *lógico-experimentalista*, heredera de la lógica de Ockham y del experimentalismo de Bacon, que pone el acento en lo individual, lo empírico, y suplanta la consideración del universal inteligible por la del particular intuible. Se distinguen en esta línea las escuelas Mertonense (Bacon), la de Paris (Buridan) y la italiana de Padova y Bologna (Galileo).

En el marco de este mapa intelectual, surge el Humanismo como un movimiento que comienza a gestarse en Italia fuera del ámbito universitario.[5] En las ciudades-Estado, el avance de nuevos grupos en el poder demandó una educación que los pudiera convertir en ciudadanos capaces de formar parte de la vida política. Tuvo lugar, entonces, el surgimiento de una generación de *homines novi* educados en un ambiente laico, que comenzaba a tener mayor conciencia de la singularidad cultural que la distinguía de otras partes de Europa. Viajeros, navegantes, comerciantes e intelectuales, relativamente independientes de las instituciones eclesiásticas, serán los actores que desencadenarán una vuelta de la vida hacia la antigüedad.[6] El nacimiento del interés por los textos clásicos traerá como

---

5   Hay autores que ven en los humanistas una extensión de los profesores de retórica y dialéctica universitarios. Tal concepción se deriva directamente del hecho de que el término "humanista" surge de la jerga estudiantil de las universidades, en las cuales el profesor de humanidades —es decir, quien se dedicaba al estudio de la retórica latina— terminó por ser llamado "*umanista*" por analogía a sus colegas de disciplinas más antiguas. Cf. Kristeller, P. O., *El pensamiento renacentista y sus fuentes,* México, Fondo de Cultura Económica, 1982, pp. 61. En esta misma línea se inscribe Campana, cf. Campana, A., "The Origin of the Word 'Humanist'", en *Journal of the Warburg and Courtauld Institutes,* IX, 1946, pp. 60-73.

6   Cf. Burucúa, J., Ciordia, M., *El Renacimiento Italiano: una nueva incursión en sus fuentes e ideas,* Buenos Aires, Asociación Dante Alighieri, 2004. Introducción general.

consecuencia, en cambio, el surgimiento de una nueva concepción de la educación y, con ello, una nueva forma de interpretar la realidad. Los *studia humanitatis* –la retórica, la lógica, la gramática, la historia y la moral– surgirán como un nuevo campo entre la educación básica de los gramáticos y la educación técnica, fuertemente especializada, de las universidades. La educación se centrará, sobre todo, en las letras y en el arte del discurso, y estará cargada de un fuerte acento político y ético. Esta escuela responderá a las exigencias de la afirmación de un ciudadano laico y le brindará una dimensión moral a la vida civil, más allá de las instituciones tradicionales.[7] En otros términos, podríamos sostener que se está frente a lo que Kuhn llama un cambio de paradigma.

La disputa con los modernos

A pesar de no formar parte del mundo universitario, Petrarca estudió la conflictiva carrera de Derecho durante cuatro años en la Universidad de Montpellier –también frecuentada por Lulio– y tres en la de Bologna.[8] Además, estaba familiarizado con las discusiones que se generaban en la corte papal de Avignon. Es por ello que se puede afirmar que estaba al tanto de la vida universitaria y de las discusiones que se desarrollaban en el ambiente. De esta manera, en sus obras se encuentran testimonios que refieren a cada una de las vertientes del escolasticismo del siglo XIV. Así, a los lógico-experimentalistas los denominaba el *"agmen britannicum"*, el "tropel de los británicos", cuya incursión en tierra siciliana lamenta en una de sus epístolas.[9] En otros innumerables pasajes de su obra, se refiere a la teología imperante en la época, a la que denomina *"ventosa philosophia"*,[10] en clara referencia a su modo de discutir con palabras cuyo significado permanece oscuro hasta para los que disputan. Llamaba, por otra parte, a los fisicistas los "segui-

---

7   Cf. Garin, E. (a cura di), *Il pensiero pedagogico dell'umanesimo,* Firenze, Sansoni, 1958.

8   Cf. Dotti, U., *Vita di Petrarca,* Bari, Laterza, 2004, pp. 16 y ss.

9   Cf. Petrarca, *Epystole Familiares,* V, 6.

10   Cf. Petrarca, *Epystole Familiares,* XVII, 1.

dores del perro Averroes". En una de las epístolas que forman parte de la colección de *Epystole Seniles*, Petrarca invita a un monje agustino, Luigi Marsili, a escribir una invectiva "*contra canem illum rabidum Averroim*".[11]

Si bien en sus críticas podemos identificar muchas veces las diversas vertientes del escolasticismo, en general, ellas pueden ser leídas como refiriéndose a éste en su totalidad. Tal es el caso del método del comentario y la *disputatio*. En muchos momentos, Petrarca no vacila en lanzar sus dardos contra los *dyalectici*, fundamentalmente en lo que hace a su modo de hablar, a la avidez que demuestran por disputar sobre todas las cosas y a la oscuridad de su lenguaje. El tono de estas críticas puede advertirse, por ejemplo, en el siguiente pasaje del *Secretum,* donde Agustín dialoga con Francisco:

> "Exacto, la palabrería de los dialécticos –que jamás tendrá término– fluye a borbollones de compendios a base de definiciones semejantes, en tanto que alardea de suscitar debates eternos: pero qué sea realmente eso mismo de que hablan, en general lo ignoran. [...] Contra hombres de esta calaña [...] bueno es arremeter. ¿Por qué, olvidados de la realidad, envejecéis entre palabras, y, con el cabello cano y arrugas en la frente, os dedicáis a infantiles inepcias?".[12]

Por su parte, la *dyalecticorum garrulitas* alude a la constante repetición de las definiciones que eran tomadas de los libros de *sententiae,* y a los comentarios y disputas que se generaban en torno de ellas, sin llegar nunca a una verdadera y propia comprensión de lo discutido. Según el poeta, el afán de los dialécticos se agota en la avidez de dinero[13] y en ganar una disputa

---

11 Petrarca, *Epystole Seniles*, XV, 6.

12 Petrarca, *Secretum*, I: "*Ista quidem dyaleticorum garrulitas nullum finem habitura, et diffinitionum huiuscemodi compendiis scatet et immortalium litigiorum materia gloriatur: plerunque autem, quid ipsum vere sit quod loquuntur, ignorant [...] Contra hoc [...] iuvat invehi: – Quid semper frustra laboratis, ah miseri et inanibus tendiculis exercetis ingenium? Quid, obliti rerum, inter verba senescitis, atque inter pueriles ineptias albicantibus comis et rugosa fronte versamini?*". En el caso del *Secretum* se utiliza la traducción de Francisco Rico en: Petrarca, *Obras. I. Prosa*, Madrid, Alfaguara, 1978, pp. 41-150. En el resto de las citas se utiliza traducción propia.

13 Sobre este punto, cítese como ejemplo: "*mechanicorum est lucra captare;*

al maestro antes que comprender verdaderamente lo discutido, lo que resulta en la introducción de complicaciones y oscuridad en el discurso, tanto más devastadoras cuanto reposan sobre traducciones deficientes que desvían al alma de la verdad. Éstos son, en el fondo, los *multiloquii* que Nicolás reprobaba. Si frente a ellos el Ultricuriano propone una moderación casi espartana del discurso, veremos, más adelante, cómo Petrarca plantea un regreso hacia la elocuencia de los clásicos.

Por otra parte, el dialéctico aparece caracterizado como un *senex puer*. En esta caracterización, se invierte el *topos* del *puer senex*, perseguido durante mucho tiempo en la Edad Media, esto es, el muchacho que razona como un adulto, a la manera del episodio evangélico.[14] Frente al *puer senex*, que podía figurar como un milagro de la naturaleza, el *senex puer*, que se regodea en la técnica pueril de la dialéctica, implica la violación del orden natural de las cosas.[15] Con todo, el poeta no condena el arte de la dialéctica sin más, sino la tendencia propia de la escuela a colocarla en el ápice del proceso formativo y elevarla a un fin en sí mismo, pretendiendo dar carácter de género filosófico a una técnica propedéutica del *curriculum* escolástico. Las artes deben ser aprendidas durante la juventud y tomadas en su justa dimensión, es decir, como medios y no como fines en sí mismos, para no envejecer, justamente, en "infantiles inepcias".

Se asiste así, desde Pedro Abelardo hasta Francisco Petrarca, al surgimiento, apogeo y extralimitación de la dialéctica. Circunstancia esta última que da lugar a las críticas.

Uno de los testimonios más importantes en lo que hace a la disputa de Petrarca contra la escolástica es, sin duda, el *De sui ipsius et multorum ignorantia*.[16] Este tratado fue compuesto hacia 1367 durante el regreso del poeta de su estadía en Venecia. Allí lo visitaron cuatro jóvenes aristotélicos[17] que, escandalizados

---

honestarum artium generosior finis est" (*Ep. Fam.*, XVII, 12); y también: "*studia hec vere deserta hodie et vel lucri cupidine derelicta vel ingeniorum desperata segnitie*" (*Epystole Familiares*, X, 4, 23).

14   Lucas II, 41-52.

15   Cf. Tateo, F., *L'ozio segreto di Petrarca*, Bari, Palomar, 2005, pp. 49.

16   En delante: *De ignorantia*.

17   Aunque en el tratado no se menciona en ningún momento el nombre de los cuatro jóvenes, sabemos de quiénes se trata gracias a anotaciones marginales

frente a la poca simpatía que el poeta profesaba por Aristóteles, decidieron llevar a cabo una disputa para juzgar si la fama de Petrarca de ser un hombre sabio era fundada o no. Finalmente, llegaron a la conclusión de que era un buen hombre, pero ignorante. A lo largo del tratado, escrito como respuesta a esta acusación, el poeta criticará diversos aspectos del escolasticismo y formulará su propia concepción de sabiduría.

En el *De ignorantia*, el ataque va dirigido, en mayor medida –aunque no de manera exclusiva–, contra el aristotelismo extremo y contra una filosofía que es concebida principalmente como una *scientia naturalis*. Sobre ella dice el poeta:

> "Existe aquel que sabe una infinidad de cosas sobre las bestias feroces, sobre los pájaros y sobre los peces: cuántos pelos tiene en la cabeza el león, cuántas plumas en la cabeza el buitre, con cuántas espirales el pulpo envuelve un náufrago [...] Todas estas nociones son en gran parte falsas [...] o bien no han sido verificadas con certeza por quien las reporta, [...] aun admitiendo que respondieran a verdad, no contribuirían en nada a nuestra felicidad. ¿De qué puede servir, por Dios, conocer las particularidades de las conchas, de los pájaros, de las serpientes, e ignorar, en cambio, y despreciar la naturaleza humana, el fin de nuestro nacimiento, de dónde venimos y hacia dónde vamos?".[18]

Esta filosofía materialista, que concibe al hombre como un objeto más de la naturaleza, no busca el fin último de toda filosofía que, según la concepción agustiniana, es la salvación y la felicidad, la *beata vita*. De hecho, el averroísmo hace entrar al alma en el ámbito de las fuerzas metafísicas objetivas, anulando, de este modo, el principio de subjetividad e, incluso, el de individualidad. De esta manera, el sujeto de pensamiento ya no es

---

en dos códices, el *Marciano* C IV 86 y el *Palatino parmense* 29: Leonardo Dandolo, un hombre de armas; Tommaso Talenti, un mercader; Zaccaria Contarini, un noble y Guido Bagnolo, un médico.

18 Petrarca, *De ignorantia* II : *"Multa ille igitur de beluis deque avibus ac piscibus: quot leo pilos in vertice, quot plumas accipiter in cauda, quot polipus spiris naufragum liget [...] Que quidem vel magna ex parte falsa sunt [...] vel certe ipsis auctoribus incomperta, [...] que denique, quamvis vera essent, nichil penitus ad beatam vitam. Nam quid, oro, naturas beluarum et volucrum et piscium et serpentum nosse profuerit, et naturam hominum, ad quod nati sumus, unde et quo pergimus, vel nescire vel spernere?".*

el "yo individual", sino un ser sustancial e impersonal común a todos los pensantes cuya conexión con los sujetos individuales es externa y casual. El hombre queda así desamparado en cuanto al conocimiento de sí mismo, de su naturaleza interior y de la realidad que lo acompaña. El conflicto se materializa en un enfrentamiento entre la objetividad del saber por una parte, y la inquieta subjetividad del hombre, por la otra.[19]

Otro aspecto sobre el que se centrará su crítica a los aristotélicos extremos es la "doctrina de la doble verdad", que tradicionalmente se les ha atribuido:[20]

> "Es más [...] puesto que les falta el coraje de esputar sus propios errores, tienen la costumbre de declarar formalmente que por el momento discuten dejando del todo aparte a la fe. Y esto ¿qué otra cosa es sino buscar la verdad repudiando la verdad y abandonando, por así decirlo, el sol, calarse en los abismos más profundos y oscuros de la tierra en busca de la luz en medio de las tinieblas?".[21]

Petrarca sólo admite una única verdad: la de la fe. Acusa de herejes a los aristotélicos extremos, puesto que, al sostener las tesis de la razón por sobre aquellas de la fe, realizan afirmaciones que entran en contradicción con la Revelación y terminan por negar a Cristo mismo. El averroísmo de Padova de la mitad del '300 ponía en peligro la conciencia religiosa individual. Destruía el concepto mismo de la fe y todo proceso de interiorización y reflexión del hombre sobre sí mismo. Precisamente, toda la obra petrarquesca se verá signada por el intento

---

19 Cf. Dotti, U., *Petrarca civile. All'origine dell'intelettuale moderno*, Roma, Donzelli editore, 2001, p. 77.

20 La idea de que los averroístas sostenían una doctrina de doble verdad fue acuñada por los teólogos que impusieron a sus adversarios averroístas y reafirmada en la condena de 1277. La tradición historiográfica del siglo XIX retomó esta idea con Renan (Renan, E., *Averroes et l'Averroisme*, Paris, Levi, 1866). Cf. Bianchi, *Pour une histoire de la "double vérité"*, (*Conférences Pierre Abelard*), J. Vrin, 2008.

21 Petrarca, *De ignorantia* II: "*Quinetiam [...] quia errores suos eructare non audent, protestari solent se in presens sequestrata ac seposita fide disserere; quod quid, oro, est aliud, quam reiecta veritate verum querere, et quasi, sole derelicto, in profundissimos et opacos terre hiatus introire, ut illic in tenebris lumen inveniant?*".

y la tensión de conciliar el amor por los autores paganos con su conciencia religiosa.

Estos dos últimos puntos llevan directamente al siguiente aspecto del aristotelismo que Petrarca cuestiona. Centrándose en la figura de Aristóteles, critica el estatuto de autoridad que los escolásticos le concedían. Para ello, argumenta que el Estagirita erró no sólo en cuestiones lógicas, cosmológicas, etc., sino también en la consideración de asuntos que atañen a la naturaleza humana, sobre todo los relacionados con la felicidad:

> "Por mi parte, creo que Aristóteles fue una personalidad de gran relieve y de mucha doctrina, pero era un hombre y por ello sostengo que él pudo ignorar algunas cosas, es más, muchas [...] Yo creo, ciertamente, y no tengo dudas de que él equivocó del todo el camino, como se dice, no sólo en argumentos de poca monta, en los cuales el error es leve y poco peligroso, sino que también se equivocó en cuestiones importantísimas que arrastran consigo la suprema salvación".[22]

Evidentemente, el reproche teológico de ignorar los fines últimos de los hombres se dirige, más que al propio Aristóteles, a los aristotélicos contemporáneos de Petrarca. Ciertamente, los filósofos antiguos no son culpables de haber vivido antes de la Revelación: en quienes no se beneficiaron de ésta, no hay herejía. Petrarca, aunque no tiene esta generosidad con el Estagirita, no duda en decir de Platón, apoyándose en la autoridad de Agustín,[23] que, si hubiera vivido en nuestra era, se habría hecho cristiano, pues fue quien más de cerca intuyó la verdad.[24]

Otro punto de análisis que se dispara a partir del pasaje anterior es la aparición de un *topos* típicamente humanístico: el de afirmar que "Aristóteles fue un hombre y pudo errar". Aun si esa fórmula ya aparecía en algunos textos escolásticos

---

22 Petrarca, *De ignorantia* IV: *"Ego vero magnum quendam virum ac multiscium Aristotilem, sed fuisse hominem, et idcirco aliqua, imo et multa nescire potuisse arbitror; [...] credo hercle, nec dubito, illum non in rebus tantum parvis, quarum parvus et minime periculosus est error, sed in maximis et spectantibus ad salutis summam aberrasse tota, ut aiunt, via".*

23 Agustín, *De Civitate Dei*, VIII, 4-9.

24 Petrarca, *De ignorantia* IV: *"'Et quis, inquient, principatum hunc Platón tribuit?'. Ut pro me responedam, non ergo, sed veritas, ut aiunt, etsi non aprensa, visa tamen illi, propiusque adita, quam ceteris".*

　　　　　Marcela Borelli

anteriores, tal como demuestra Bianchi,[25] en el Humanismo –y, sobre todo, con Petrarca– aparecerá con mayor fuerza codificada en la batalla antiperipatética y antiescolástica, en la que se devuelve a Aristóteles a su dimensión humana e histórica y se lo desplaza de su *status* de autoridad:

> "Pero éstos, como hemos dicho, están de tal modo capturados por el amor de un solo nombre que consideran un sacrilegio expresar sobre un argumento cualquiera un parecer distinto del suyo".[26]

El ataque se centra, principalmente, en el uso que se hacía de su pensamiento en el escolasticismo, que sostenía la credibilidad de ciertas tesis únicamente sobre la base del prestigio otorgado al autor y que limitaba el horizonte de la labor filosófica a un mero comentario de las obras del Estagirita. Las *auctoritates,* que para los escolásticos no tenían un tiempo ni un rostro, y estaban desprovistas de su dimensión humana, devienen en el pensamiento petrarquesco –y en el de los humanistas posteriores– hombres con una biografía y una historia.[27]

Hasta aquí se han visto las críticas que Petrarca dirige contra los aristotélicos de la época. Sin embargo, también formulará críticas a Aristóteles mismo y rechazará algunas de sus tesis, sobre todo, las que atañen a la eternidad del mundo y a la inmortalidad del alma, puesto que, para él, entran en contradicción con las verdades de la fe. Es poco el lugar que dedicará a ello, pues su interés por cuestiones de cosmología era escaso o nulo.

Insistiendo sobre Aristóteles, en lo que atañe a sus consideraciones sobre la virtud, Petrarca no encuentra en sus escritos

---

25 Se sabe que entre el siglo XIII y el XIV muchos otros teólogos hicieron de la denuncia de los "errores" de Aristóteles un motivo no secundario de la estrategia orientada a remarcar las insuficiencias de toda aproximación naturalística y puramente racional a la comprensión de la realidad: la *Collatio in Hacxämcron* do Buonaventura, ol *Do orroribus philosophorum* de Egidio Romano, el *Exigit ordo* de Nicolás de Autrecourt, etc. Cf. Bianchi, L., *Studi sull'aristotelismo del Rinascimento,* Padova, Il Poligrafo, 2003, pp. 113 y ss.

26 Petrarca, *De ignorantia* IV: "*Isti vero, ut diximus, sic amore solius nominis capti sunt, ut secus aliquid quam ille de re qualibet loqui sacrilegio dent*".

27 Cf. Rico, F., *El sueño del humanismo. De Petrarca a Erasmo,* Barcelona, Destino, 2002, p. 41.

el estímulo necesario que debe tener un texto para inflamar a un hombre a amarla:

"En verdad, veo que Aristóteles define y clasifica egregiamente la virtud y trata sobre ella con agudeza y así hace con todas las características propias sea del vicio, sea de la virtud. Cuando he aprendido esto, sé un poquito más de cuanto sabía antes; pero mi ánimo quedó igual que antes, y así ni mi voluntad ni yo mismo hemos mutado. De hecho, una cosa es saber y otra es amar, una es comprender y otra es querer. Él enseña, no lo niego, qué cosa es la virtud; pero la lectura de sus libros no contiene –o lo contiene en número muy reducido– aquellos estímulos, cuyas palabras ardientes hacen solícito e inflaman la mente a amar la virtud y a odiar el vicio".[28]

Evidentemente, las traducciones de Aristóteles que circulaban en el siglo XIV, oscurecidas por el rígido latín escolástico, no suscitaron en Petrarca demasiado interés.[29] No obstante, no duda de que haya sido un hombre "agradable, rico y elegante en el modo de expresarse",[30] según cuenta Cicerón que afirmaban sus contemporáneos.

De acuerdo con este pasaje, la descripción intelectual de las virtudes propuesta por el Estagirita ayuda a comprender lo que son, pero no a adquirirlas y, por tanto, a progresar en ellas y devenir mejor. Petrarca reprocha a la ética aristotélica una suerte de intelectualismo, merced al cual se ve imposibilitada de

---

28　Petrarca, *De ignorantia* IV: "*Video nempe virtutem ab illo egregie diffiniri et distingui tractarique acriter, et que cuique sunt propria, seu vitio, seu virtuti. Que cum didici, scio plusculum quam sciebam; idem tamen est animus qui fuerat, voluntasque eadem, idem ego. Aliud est enim scire atque aliud amare, aliud intelligere atque aliud velle. Docet ille, non infitior, quid est virtus; at stimulos ac verborum faces, quibus ad amorem virtutis vitiique odium mens urgetur atque incenditur, lectio illa vel non habet, vel paucissimos habet*".

29　En efecto, el manuscrito Paris, Bibliothèque Nationale de France, Latin 6458 contiene algunas obras de Aristóteles que formaron parte de la biblioteca personal de Petrarca, de las cuales anotó sólo dos, la *Política* y la *Ética a Nicómaco*, con algunos signos marginales, pero pocos. De ello se desprende que Petrarca estudió con poco interés los textos de Aristóteles. En efecto, los manuscritos más caros al poeta fueron profusamente anotados en los márgenes, incluso con notas que hacían referencia a su vida personal. Cf. Nolhac, P. *Pétrarque et l'Humanisme*, Paris, Émile Bouillon, 1892, pp. 335-338.

30　Petrarca, *De ignorantia* IV: "*in sermone proprio et dulcem, et copiosum et ornatum fuisse*".

realizar su fin propio: impulsar al hombre a amar las virtudes. El poeta se pregunta, en este sentido "¿De qué sirve saber qué es la virtud si, una vez conocida, no se la ama? ¿De qué sirve el conocimiento del pecado si este, una vez conocido, no suscita repugnancia?".[31]

En consonancia con lo anterior, Petrarca sostiene que el saber o el conocimiento no tienen valor por sí mismos, sólo lo adquieren cuando la actividad intelectual se combina con la esencia más verdadera de la vida moral.[32] A partir de lo anterior, queda claro que el conocimiento es concebido por el poeta siempre en relación con la ética.

El concepto de *philosophia* en Petrarca

Es menester remarcar como un momento esencial en la concepción petrarquesca de *philosophia* el movimiento de la vuelta hacia la interioridad. Además de la exigencia de una retórica puesta al servicio de la ética, debe haber un retorno al conocimiento de sí mismo, que Petrarca pretende compartir con autores no sólo cristianos, como Agustín, sino también paganos, como Séneca, Horacio y Cicerón.

Es, tal vez, uno de los pasajes más citados de la literatura humanística –y de hecho, es tomado como documento fundacional– aquel de la carta en la que narra su ascensión al monte *Ventoux*, llevando consigo un ejemplar de las *Confesiones* de Agustín:

"Abro, al azar, dispuesto a leer lo primero que encontrara [...] Por casualidad apareció el décimo libro de dicha obra. A Dios pongo por testigo, y también a mi hermano –que se hallaba presente, porque esperaba con interés oir a Agustín hablar por mi boca–, de que las primeras líneas que vi decían: 'Y los hombres van a admirar la altura de las montañas, la enorme agitación del mar, la anchura de los ríos, la inmensidad del océano y el curso de los astros y se olvidan de sí mismos'. Confieso que quedé atónito. [...] Y cerré el libro, irritado contra mí mismo, porque

---

31 Petrarca, *De ignorantia* IV: *"Quid profuerit autem posse quid est virtus, si cognita non ametur? Ad quid peccati notitia utilis, si cognitum non horretur?"*.

32 Cf. Fenzi, E., *Petrarca*, Bologna, Il Mulino, 2008, pp. 59 y ss.

la belleza terrena todavía me admiraba, pese a que de los propios filósofos paganos debía haber aprendido tiempo atrás que nada hay digno de admiración sino el espíritu, a cuya grandeza nada es comparable".[33]

Petrarca toma del Hiponense el movimiento de retorno hacia la interioridad en su valor moral. La insistencia sobre el conocimiento de sí mismo que pone en boca del personaje de Agustín en el *Secretum* consiste en el ser consciente del error que limita y retiene al hombre, sumergiéndolo en un estado de miseria.[34] En el primer libro, desarrolla la caracterización de ese error que mora en la voluntad del poeta y que es común a todos los hombres. El personaje de Agustín señala el modo de liberarse de ese extravío en una conjunción de los ideales estoicos de la independencia espiritual del sabio de los golpes de la fortuna, y el principio de la autonomía del alma, con la concepción cristiana de la libertad. La clave para liberarse de las miserias consiste, justamente, en liberarse no de ellas, sino de la errónea estimación que se tiene de ellas, de modo tal que se valore correctamente la escala de los bienes.

En la formulación del principio ético propio del aristotelismo, desaparece el metro de la conciencia interior en favor de una medida externa, dada por las costumbres de los dictámenes del vulgo. Esta falaz objetividad de la necesidad, a la cual el alma se somete voluntariamente, hace desaparecer la propia autonomía. El personaje de Agustín formula un ideal de moderación que no tiene que ver con lo abstracto ni vago y es extremadamente consciente de la realidad humana.[35]

De este modo, sólo adquiriendo esta medida ética interior, abandonando toda ficción (*phantasma*) del alma, saliendo de

---

33 Petrarca, *Epystole Familiares* IV, 1: "*Forte autem decimus illius operis liber oblatus est.* [...] *Deum testor ipsumque qui aderat, quod ubi primum defixi oculos, scriptum erat: 'Et eunt homines admirari alta montium et ingentes fluctus maris et latissimos lapsus fluminum et occeani ambitum et giros siderum, et relinquunt se ipsos'.* [...] *librum clausi, iratus michimet quod nunc etiam terrestria mirarer, qui iampridem ab ipsis gentium philosophis discere debuissem «nichil preter animum esse mirabile, cui magno nichil est magnum*".

34 Cf. Petrarca, *Secretum*, I.

35 Cf. Tateo, F., *L'ozio segreto di Petrarca*, Bari, Palomar, 2005, pp. 34 y ss.

la ignorancia de sí mismo que existe en la aceptación pasiva y fatal de la miseria humana, y en el no tomar en cuenta la naturaleza finita del hombre, es posible descubrir y representarse el propio pecado. La meditación sobre la propia responsabilidad es la meditación enemiga de la mentira sofística y del abandono causado por una errónea consideración del mal. La meditación interior es concedida a pocos hombres, a aquellos que saben leer verdaderamente en su alma y entender las palabras de maestros ejemplares como Séneca o Agustín.

El acento en la elocuencia de los clásicos no debe ser pasado por alto, pues es una nota fundamental que hace de Petrarca uno de los que sentarán las bases de la reforma humanística. La vuelta a los clásicos también significó hallar en ellos un latín que respondiera a las necesidades de la vida cotidiana, a las que no brindaba una respuesta satisfactoria la dialéctica. La reforma del latín que emprenderá la generación de Valla intentará, además, devolver a su antigua perfección al resto de las disciplinas. Esa reforma supuso un llamado a "combatir el certamen del latín contra los galos",[36] llamado que había sido ya, de algún modo, preanunciado por Petrarca.

De la mano de esta defensa de la *eloquentia*, se inserta la reivindicación del valor de la poesía como vía de acceso a la verdad. La escolástica había definido la poesía como *"infima inter omnes doctrinas"*.[37] La tradición medieval, por su parte, había mantenido una postura ambigua en relación con ella, pues no se combatía la poesía en general, sino un modo particular de poetizar. La poesía tenía, de un lado, el sentido de un puro adorno retórico, del otro, el sentido de un instrumento supremo de visión o intuición ideal.[38] De este modo, la poesía profana tenía un fin meramente didáctico que servía de apoyo, de subsidio sensible: habituaba al hombre a volcarse al alma pero sin encontrar la meta, mostrando sólo la necesidad de dar con una visión profunda que trascendiera las apariencias. Su función era meramente preparatoria: hacía sentir la insuficiencia de

---

36   Cf. Rico, F., *El sueño del humanismo. De Petrarca a Erasmo,* Barcelona, Destino, 2002, p. 21.

37   Tomás de Aquino, *Summa Theologica* I, I, 9.

38   Garin, E., *Medioevo e Rinascimento,* Roma, Laterza, 2005. pp. 47 y ss.

quedarse en el sentido literal y la necesidad de trascenderlo, era mero *integumentum* o velo de la verdad. Las fábulas poéticas eran falacias que servían a la verdad sólo en la medida en que llevaban al alma más allá de los velos de la ficción. La poesía profana era admitida en la educación pero con cierta reluctancia y bajo la convicción de que era un elemento indispensable en la cultura. La poesía sacra, por otra parte, inspiraba la visión divina que se ocultaba tras el velo de la alegoría. Así, se distinguían varios sentidos en la interpretación de las Escrituras: de un lado, el literal y, del otro, el alegórico, que se subdividía, a su vez, en otros dos, el anagógico y el moral.[39]

Petrarca traspone este modelo hermenéutico, concebido en torno de las lecturas de las Santas Escrituras, al ámbito de la poesía profana,[40] en la que encuentra una verdad moral subyacente que compete al género humano en tanto experiencia universalmente vivida. Existe un intento, por parte del poeta, de restaurar la forma, de reencontrar y defender el valor poético, una búsqueda de reivindicación de una autonomía de la poesía similar a aquella que había conseguido la filosofía frente a la teología en el seno de la escolástica. A la luz de este intento podemos leer el siguiente pasaje de la *Collatio Laureationis*:

"Pero, si el tiempo no me faltara, y no temiera infundir fastidio en vuestros oídos, fácilmente podría demostrar que los poetas, bajo el velo de la ficción, trataron cuestiones ya de física, ya de moral, ya de historia, si es verdadero aquello que a menudo suelo decir: entre el oficio del poeta, del historiador y del filósofo —sea moral, sea natural— hay la misma diferencia que entre el cielo

---

39 Así, siguiendo la tradición instaurada por Orígenes, se distingue el sentido literal, que remite al aspecto histórico o material del texto; el sentido alegórico, que trasciende el sentido material para dirigirse al espíritu que anima, funciona, a su vez, como velo o *integumentum* que esconde profundas verdades bajo la literalidad. Este sentido alegórico admite, a su vez, una subdivisión entre el sentido anagógico, que reviste un carácter de ascensión espiritual que eleva al alma a las realidades sublimes, y el sentido moral, que remite al plano de lo inmanente.

40 Cabe remarcar que la defensa que hace Petrarca del valor poético no es de cualquier tipo de poesía, sino sólo de aquella más noble: la épica. En efecto, según el poeta, Virgilio y Homero trataron de las virtudes, de las inclinaciones del hombre, de las propiedades de la naturaleza y en general de la humana perfección. Cf. Petrarca, *Contra medicum quendam*, II.

     Marcela Borelli

nublado y uno sereno, pues es la misma luz la que subyace a uno y otro; mas, en cuanto a la capacidad de quien observa, es distinta. Sin embargo, esto hace a la poesía más dulce: cuanto más laboriosa es la búsqueda de la verdad, más dulces se hacen sus frutos".[41]

La misma verdad subyace a la poesía profana que a las restantes artes. Pero ésta, a diferencia de la filosofía y de la historia, la transmite embellecida y, con ello, su carácter de velo o de fábula ficticia se ve atenuado, y toma un valor positivo en cuanto adorno de la verdad transmitida, que sólo es accesible a los espíritus más nobles.

Finalmente, frente a la acusación de los cuatro jóvenes aristotélicos,[42] el poeta opone una concepción propia de la ignorancia, que supone, a su vez, una concepción de la filosofía y un modo de entender al hombre. Es sabido que en 1277 el obispo de París, Étienne Tempier, condenó algunas de las tesis sostenidas por los maestros de artes. Dos de ellas merecen mención: "que no existe un estado más excelente que el gozar de la filosofía" y "La perfección última del hombre es que se perfeccione por medio de las ciencias especulativas, y esto es para sí la felicidad última y la vida perfecta".[43] Si bien el aristotelismo escolástico fue un fenómeno complejo que revistió varias aristas, se puede decir que, a grandes rasgos, ligaba estrechamente el conocimiento y la felicidad. Apoyados sobre la concepción de que el hombre es un animal racional y de que su racionalidad lo distingue de las demás especies, sostenían que la felicidad humana residía en el ejercicio de la racionalidad. La felicidad era, pues, especula-

---

41   Petrarca, *Collatio Laureationis*, Roma, Biblioteca Italiana, 2004, IX: "*Sed, si tempus non deforet, nec vererer auribus vestris inferre fastidium, possem facile demonstrare poetas, sub velamine figmentorum, nunc fysica, nunc moralia, nunc hystorias comprehendisse, ut verum fiat quod sepe dicere soleo: inter poete et ystorici et philosophi, seu moralis seu naturalis, officium hoc interesse, quod inter nubilosum et serenum celum interest, cum utrobique eadem sit claritas in subiecto, sed, pro captu spectantium, diversa. Eo tamen dulcior fit poesis, quo laboriosius quesita veritas magis atque magis inventa dulcescit*".

42   Cf. nota 17.

43   "*quod non est excellentior status quam vacare philosophia*"; "*ultima perfectio hominis est ut sit perfectus per scientias speculativas, et hoc est sibi ultima felicitas et vita perfecta*". Citadas en: Bianchi, L., *Studi sull'aristotelismo del Rinascimento*, Padova, Il Poligrafo, 2003.

tiva y distinta de la beatitud teológica. La primera es el fin de la filosofía. De esta manera, filósofo es aquel que desarrolla en grado máximo la racionalidad y, así, deviene imagen terrena de Dios. El ignorante, por su parte, carece de *scientia,* es una *tabula rasa* y se asemeja a las bestias.

Partiendo del dato de las interminables disputas de los filósofos y los sabios,[44] Petrarca tiene una profunda desconfianza del poder contemplativo del alma de alcanzar el conocimiento de Dios en esta vida y sostiene: "no estoy dispuesto a admitir que un hombre cualquiera haya podido alcanzar con medios humanos un saber universal".[45] A partir de referencias como Agustín y la Biblia,[46] pasa a afirmar que el conocimiento es dolor, pues quien conoce experimenta sus límites y su exilio de la felicidad:

"Porque en esta vida Dios no puede ser en absoluto conocido plenamente, pero puede ser amado con ardiente devoción; y el amor de Dios, en todo caso, es un amor feliz, mientras es tal vez fuente de infelicidad el conocerlo, como sucede a los demonios, que en el infierno tiemblan frente a Él cuando lo han conocido".[47]

---

44   En el prólogo a la segunda parte de *De remediis utriusque frotune* Petrarca sostiene que de todo aquello que leyó y oyó en su vida, ninguna cosa le produjo una impresión más profunda que las palabras de Heráclito *"omnia secundum lite fieri".* Para el poeta todo en la vida natural y humana se rige por el conflicto constante, incluso la búsqueda de la verdad por parte de los filósofos, quienes no dejan de entreverarse en interminables debates: *"Quis sectarum varietates, aut philosophorum bella dinumeret? Populorum et regum prelia quievere, Philosophi non quiescunt; et pugnant illi de eo, quod cum huius esse ceperit, esse desinit illius; hi de veritate litigant, que una simul omnium esse potest, neque hanc litem aut quesite veritatis splendor, aut Academicus unquam valuit finire Carneades, philosophice sequester pacis anxius sed irritus"* (Petrarca, *Les remédes aux deux fortunes. Vol. 1: Texte et traduction,* –texte établi et traduit par Christophe Carraud–, Grenoble, Jérome Millon, 2002, p. 546).

45   Petrarca, *De ignorantia* III: *"neque ulli hominum humano studio rerum omnium scientiam fuisse cognoscere".*

46   Ver nota 23.

47   Petrarca, *De ignorantia* IV: *"Nam et cognosci ad plenum Deus in hac vita nullo potest modo, amari autem potest pie atque ardenter; et utique amor ille felix semper, cognitio vero nonnunquam misera, qualis est demonum, qui cognitum apud inferos contremiscunt."*

El conocimiento es algo diferente de la felicidad y, más aun, puede ser su enemigo. Por ello, afirma que prefiere ser considerado un buen hombre que un sabio:

"La cultura pertenezca por tanto a éstos que me la quieren quitar [...] A mí se me reserven la humildad y la conciencia de mi ignorancia y de mi fragilidad. [...] Para ellos ha sido escrito: 'La devoción a Dios es sabiduría',[48] y de mis discursos ellos serán más y más confirmados en su convencimiento de que yo soy un hombre honesto, pero sin cultura".[49]

Esta afirmación podría parecer controversial, sobre todo teniendo en cuenta que Petrarca era un hombre enamorado desde temprana edad de las letras. Sin embargo, no es la cultura en general la que desprecia, sino aquella, de algún modo, "cuantitativa" que pretende traspasar los secretos de la naturaleza y de Dios. Ésta, más que saber, es *vana curiositas*. Por su parte, la cultura "cualitativa", entendida como cultura del alma, cambia el panorama, pues lo que está en juego es la propia subjetividad destinada a actuar en la comunidad humana. Así pues, la cultura se hace una con la moral y la fe: es un instrumento esencial para dirigir el comportamiento humano y una recta vía para la existencia y la vida práctica. Las verdades que conciernen a la experiencia humana en cuanto tal, expresadas de manera elocuente por poetas y retóricos, se adhieren al ánimo como "garfios"[50] de modo tal que pasan a formar parte de aquello que es la dimensión más profundamente constitutiva del hombre: su memoria.

El saber humano es poco o nulo en comparación con el divino; lo es también en comparación con el saber de otros y, finalmente, en comparación con el conocimiento que cada uno tiene de sí mismo:

"Pero, mientras tanto, hasta que no llegue el fin de este exilio, con el cual tendrá fin esta nuestra imperfección, me consuelo

---

48 Agustín, *De Civitate Dei*, XIV, 28.

49 Petrarca, *De ignorantia* II: *"Litere igitur sint, vel horum qui illas michi auferunt, [...]. Mea vero sit humilitas et ignorantie proprie fragilitatisque notitia [...], quibus scribitur: 'Pietas est sapientia', meisque sermonibus magis ac magis in sententia firmabuntur ut sine literis bonus sim"*.

50 Cf. Petrarca, *Secretum*, II.

–dentro de los límites que por ahora nos son concedidos– considerando la naturaleza a todos común; [...] y me refiero al metro del saber humano que, en sí mismo, es siempre limitado si se lo relaciona al espacio restringido en el cual está comprendido y asume grandeza sólo en comparación con otros hombres. Por otra parte, cuán mísera cosa es este saber, Dios mío, que por grande que sea, le es concedido abrazar a una mente humana; es más, qué nulidad es el saber de un hombre, sea quien fuere, si se lo compara no digo con el saber de Dios sino con su ignorancia de sí mismo".[51]

La ignorancia, en consecuencia, es la condición propia del hombre, dada su naturaleza finita y mortal. Ésta "no propone un mandato positivo del 'conócete a ti mismo' formulado en segunda persona por Sócrates o Abelardo, sino que denuncia aquello que constituye un obstáculo: la ignorancia de sí mismo tan general que puede ser formulada en tercera persona y hacer referencia a un plural: cada uno puede constatarla en sí mismo y en muchos otros".[52]

Ahora bien, ¿cómo se puede, entonces, según Petrarca, llegar a la filosofía? De la mano de Agustín, Platón y Cicerón, Petrarca da forma a su definición de *philosophia*.[53] En la *Epystola Familiar* XVII, 1, le expone a su hermano Gerardo cuál es la verdadera filosofía. Para ello, parte de la definición ciceroniana de la filosofía como *ars vitae*[54] y, siguiendo a Platón –mediado por

---

51   Petrarca, *De ignorantia* III: *"Sed me interim, dum presentis exilii finis adest, quo nostra hec imperfectio terminetur, qua ex parte nunc scimus, nature communis extimatione consolor. [...] — secundum humane scientie morem loquor — que in se semper exigua, pro angustiis quibus excipitur, et collata aliis ingens fit. Alioquin quantulum, queso, est, quantumcunque est, quod nosse uni ingenio datum est? Imo quam nichil est scire hominis, quisquis sit, si non dicam scientie Dei, sed sui ipsius ignorantie comparetur?"*.

52   Trottman, C., "Pétrarque á la fracture de la philosophie dans le *De sui ipsius et multorum ignorantia*" en: *Ut philosophia poiesis. Questions philosophiques dans l'oeuvre de Dante, Pétrarque et Boccace,* (Comp.: Biard, J., y Mariani Zini, F.), Paris, Vrin, 2008, p. 172.

53   Petrarca mencionará hacia el final del *De ingorantia* los tres autores más caros a él: Platón, Agustín y Cicerón. De entre todos los filósofos, sostendrá, Platón es el príncipe. A él le atribuye el primado porque es aquél que intuyó y se acercó más a la verdad. Agustín será, por su parte, el filósofo de Cristo (*Epystole Familiares*, XVII, 1).

54   Cicerón, *Tusculanae Disputationes*, II, 11.

     MARCELA BORELLI

Agustín en *De civitate Dei* VIII, 8–, define el fin del vivir bien como vivir según la virtud. Puesto que quien conoce e imita a Dios vive según la virtud y, por ello, es feliz, filosofar es amar a Dios y el filósofo es el *amator Dei*. Aquí recurre a Agustín y a la etimología que éste hace de la palabra *"philosophia"* como "amor a la sabiduría". Ahora bien, si Dios es la sabiduría por medio de la cual han sido hechas todas las cosas y la sabiduría, o sea el Verbo, es la segunda persona de la Trinidad, se sigue que aquel que ama la sabiduría, es aquel que ama a quien la encarnó, Cristo, y de ello se sigue que el cristiano es el verdadero filósofo[55].

El hombre no puede, con sus propias fuerzas, lograr el conocimiento de Dios en esta vida[56] sino que debe contentarse con la *pietas*. Y es ésta la verdadera sabiduría: *pietas est sapientia*. Ahora bien, la sabiduría hacia la que aspira la filosofía es el amor de Dios, lo cual nos hace conscientes, a su vez, de nuestra naturaleza finita y creada. En consecuencia, la verdadera filosofía es, también, *cogitatio mortis*:

> "Reflexionar sobre la muerte, armarse contra ella, predisponerse a despreciarla y soportarla, ir a su encuentro si la situación lo exige, y soportar con elevación del espíritu esta vida breve e infeliz a cambio de la vida eterna, de la felicidad, de la gloria: ésta solamente es la verdadera filosofía, de la cual algunos han dicho que otra cosa no es sino meditación sobre la muerte. Tal definición de la filosofía, aunque acuñada por los paganos, es, sin embargo, propia de los cristianos, los cuales deben nutrir un desprecio por esta vida, esperanza en la vida eterna, deseo de la muerte".[57]

---

55 Nótese la similitud con el argumento de Abelardo que se ha considerado en el capítulo correspondiente al autor en la página 37.

56 Algo similar se ha visto en Abelardo, para quien el conocimiento de Dios en esta vida está condicionado por los límites de la razón.

57 Petrarca, *Contra medicum* II: *"Illam certe premeditari, contra illum armari, ad illius contemptum ac patientiam componi, illi si res exigat occurrere, et pro eterna vita, pro felicitate, pro gloria brevem hanc miseramque vitam alto animo pacisci, ea demum vera philosophia est, quam quidam nichil aliud nisi cogitationem mortis esse dixerunt. Que philosophie descriptio, quamvis a paganis inventa, cristianorum tamen est propria, quibus et huius vite contemptus et spes eterne et dissolutionis desiderium esse debet".*

La meditación sobre la muerte, lejos de arrojar al sujeto en la desesperación y la angustia, tiene por objeto liberarlo, por medio de la reflexión sobre la necesidad de la muerte, e infundirle la conciencia de sus límites. Sólo esta conciencia de sí, obtenida a través de la reflexión más sincera y no turbada por las distracciones de la vida, libera de los prejuicios del vulgo y es capaz de otorgar al hombre serenidad y esperanza.

La filosofía, entonces, ya no es definida como un método científico, con sus reglas de proceder para adquirir conocimientos, sino que es, esencialmente, regla moral y por eso, pensamiento sobre la muerte, escuela de vida. No es un saber racional, sino que implica un modo de vivir según la virtud, un modo particular del espíritu que es consciente de su condición de creado, una costumbre o arte de vida y un modo de hablar elocuente. En este sentido, a un médico averroísta, destinatario de una de sus invectivas, Petrarca le responde:

> "En fin, no tienes ninguna de las características que no dejan dudas sobre la personalidad de un filósofo: ni el modo de vivir, ni el espíritu, ni la costumbre, ni la inteligencia, ni el lenguaje".[58]

Conclusiones

Frente a la insatisfacción de una filosofía que se revelaba inadecuada para las exigencias de la vida y de una sociedad que estaba cambiando, Petrarca se vuelca a la exploración del hombre interior, espiritual, y hacia el planteo de una nueva visión de la historia. Hemos visto cómo en él se gesta una toma de conciencia y una formulación de una antropología que dista mucho de ser aquella del fisicismo y de los tecnicismos de la escolástica. Su concepción de la filosofía se opone, pues, a las disciplinas científicas —lógica y natural— que, de algún modo, descuidaban los problemas humanos de la vida más concreta. Las respuestas a estas inquietudes las encontró en los autores clásicos romanos y en los Padres de la Iglesia, sobre todo en Agustín. En ellos halló una cultura más humana. Encontró, también, una vuelta

---

58   Petrarca, *Contra medicum* II: *"Postremo, eorum qui certius probant philosophum, nichil habes: non vitam, non animum, non mores, non ingenium, non linguam".*

            Marcela Borelli

hacia la interioridad, una meditación sobre el individuo real y su destino, sobre su historia terrena y sobre su acción.

A partir de ellos, mostró que la lógica de los asuntos humanos distaba mucho de ser aquella de Aristóteles[59], que no era la palabra divina, sino que era un producto histórico, de un hombre en su contexto. Un hombre a fin de cuentas, con quien se podía dialogar, pero que distaba de ser una autoridad, como una verdad adquirida de una vez por todas e incuestionable.

Petrarca concibe a la *philosophia* como una sabiduría en la que prima el valor moral por sobre el intelectual a partir de una concepción eminentemente voluntarista del hombre. Así, a través de elementos del estoicismo recogidos principalmente de Séneca y Cicerón, de elementos cristianos tomados de la patrística —sobre todo de Agustín— y elementos de Platón, Petrarca define a la *philosophia* como una *sapientia* que es *pietas,* que es una meditación constante y atenta sobre la muerte y una escuela de vida. Consiste, en definitivas cuentas, en un modo de vivir, una forma de hablar, y una inteligencia sólo accesible a pocos.

Instaura, de este modo, una cultura de la palabra elocuente de armoniosa sonoridad que habla al alma, enseña a vivir en el mundo, a ser hombre piadoso y devenir mejor. Es un saber que se funda en la libertad del espíritu, del buen gusto y el sentido mismo de la civilización que comporta inevitablemente el culto de la palabra. Hay una afirmación del valor educativo y autoformativo de la palabra en oposición a la cultura teológico-dogmática de la época; hay una denuncia del saber cuando está subordinado a los intereses de la sociedad dominante y a la ganancia material, y una reivindicación de la autonomía de la cultura como guía moral de la humanidad.

Marcela Borelli

Universidad de Buenos Aires/
Conicet

---

59   Cf. Garin, E., *Medioevo e Rinascimento,* Roma, Laterza, 2005, pp. 47 y ss.

Bibliografía

Textos fuente

Petrarca, F., "Secreto Mío", en *Obras: I Prosa* (al cuidado de Rico, F.), Madrid, Alfaguara, 1978.

————, *Prose*, (a cura di Martelloti, G., Ricci, P.G., Carrara, E., Bianchi, E.), Milano- Napoli, Riccardo Ricciardi Editore, 1955.

————, *De sui ipsius et multorum ignorantia,* en: PETRARCA, F., *Opera Omnia,* (a cura di Pasquale Stoppelli), Roma, Lexis Progetti Editoriali, 1997. Versión electrónica: Biblioteca Italiana, 2004. [http://www.bibliotecaitaliana.it/xtf/view?docId=bibit001685/bibit001685.xml&doc.view=print&chunk.id=0&toc.depth=1&toc.id=0] Última consulta: 18/04/2012.

————, *Contra medicum quendam*, en: PETRARCA, F., *Opera Omnia,* (a cura di Pasquale Stoppelli), Roma, Lexis Progetti Editoriali, 1997. Versión electrónica: Biblioteca Italiana, 2004. [http://www.bibliotecaitaliana.it/xtf/view?docId=bibit001694/bibit001694.xml&doc.view=print&chunk.id=0&toc.depth=1&toc.id=0] Última consulta: 18/04/2012.

————, *Collatio Laureationis*, en: PETRARCA, F., *Opera Omnia,* (a cura di Pasquale Stoppelli), Roma, Lexis Progetti Editoriali, 1997. Versión electrónica: Biblioteca Italiana, 2004. [http://www.bibliotecaitaliana.it/xtf/view?docId=bibit000772/bibit000772.xml&doc.view=print&chunk.id=0&toc.depth=1&toc.id=0] Última consulta: 18/04/2012.

————, *Le Familiari*. Edizione critica a cura di Vittorio Rossi, vol. III°: Libri XII-XIX con un ritratto e quattro tavole fuori testo, G. C. Sansoni, Firenze, 1937, pp. 362 (Edizione Nazionale delle Opere di Francesco Petrarca, XII).

————, *Les remédes aux deux fortunes. Vol. 1: Texte et traduction,* (texte établi et traduit par Christophe Carraud), Grenoble, Jérome Millon, 2002.

Bibliografía secundaria

Bianchi, L., *Pour une histoire de la "double verité", (Conférences Piérre Abelard),* Paris, J.Vrin, 2008.

————, Studi sull'aristotelismo del Rinascimento, Padova, Il Poligrafo, 2003.

Burucúa, J., Ciordia, M., *El Renacimiento Italiano: una nueva incursión en sus fuentes e ideas*, Buenos Aires, Asociación Dante Alighieri, 2004.

Garin, E., *L'Umanesimo Italiano,* Bari, Laterza, 1998.

__________, *Medioevo e Rinascimento*, Bari, Laterza, 2005.

__________, *History of Italian Philosophy* (trad. y ed. Pinton, G.), Amsterdam/ New York, Rodopi, 2008. (2 vol.)

__________, *La revolución cultural del Renacimiento*, Barcelona, Crítica, 1981.

__________, *El hombre del Renacimiento*, Madrid, Alianza, 1999.

__________, *Rinascite e Rivoluzioni: Movimenti culturali dal XIV al XVIII secolo*, Bari, Laterza, 2007.

__________, (a cura di), *Il pensiero pedagogico dell'Umanessimo*, Firenze, Fintine-Sanzoni, 1958.

Kristeller, P.O., *El pensamiento renacentista y sus fuentes*, México, Fondo de Cultura Económica, 1982.

Rico, F., *El sueño del humanismo: de Petrarca a Valla*, Barcelona, Destino, 2002.

Billanovich, G., *Petrarca letterato: I lo scritoio del Petrarca*, Roma, Istituto Grafico Tiberino, 1947.

Burke, P., *El Renacimiento*, Barcelona, Crítica, 1999.

Dotti, U., *Vita di Petrarca*, Bari, Laterza, 2004.

De Nohlac, P., *Petrarque et l'humanisme*, Paris, Champion, 1907.

Fenzi, E., *Saggi Petrarcheschi*, Firenze,Cadmo, 2003.

__________, *Petrarca*, Bologna, Il Mulino, 2008.

Gerosa, P.P., *L'umanesimo agostiniano del Petrarca: influenza agostiniana, atinenze medievali*, Torino, Bottega Erasmo, 1966.

Kristeller, P.O., "Il Petrarca. L'Umanesimo e la Scolastica a Venecia", en *La civiltá veneziana del Trecento*, Venecia, Sanson, 1956, 147-179.

Lohr, C. H., "The Medieval Interpretation of Aristotle" en Kretzmann, N., Kenny, A., Pinborg, J., (eds.), *The Cambridge History of Later Medieval Philosophy: from the rediscovery of Aristotle to the disintegration of scholasticism: 1100–1600*, Cambridge, Cambridge University Press, 1982.

Schmitt, C.B., *Aristóteles y el Renacimiento*, León: Universidad, Secretariado de Publicaciones, 2004.

Tateo, F., *L'ozio segreto di Petrarca*, Bari. Palomar, 2005

Wilkins, E.H., *Vita del Petrarca, e la formazione del 'Canzoniere'*, Milano, Giangiacomo Feltrinelli Editore, 1964.

SOBRE LOS AUTORES

Natalia G. Jakubecki

Es profesora y licenciada en Filosofía por la UBA. Su tesis doctoral versa sobre el pensamiento moral de Pedro Abelardo. Se desempeña como docente en la cátedra de Historia de la Filosofía Medieval de la Universidad de Buenos Aires desde el año 2008 y es becaria de UBACyT. Actualmente es miembro investigador también del Proyecto *"El pensamiento escolástico sobre filosofía práctica, aspectos metodológicos y doctrinales"*, del Instituto de investigaciones en Filosofía de la USal. Publicó varios artículos en revistas académicas, tanto nacionales como internacionales, tales como "Una segunda parte del *Scito te ipsum*. Traducción y comentarios del manuscrito de Oxford, Balliol College Ms. 296, f. 79.", en *VersioneS*, y *"Peccata oris* en la correspondencia de Abelardo y

Eloísa", en *Revista Española de Filosofía Medieval*.
Ha participado en jornadas académicas nacionales
y latinoamericanas.

Julián Barenstein

Es profesor y doctorando en Filosofía por la Universidad de Buenos Aires, donde obtuvo también la licenciatura, y becario del CONICET. Actualmente trabaja como investigador en el área de Filosofía Medieval en la Fac. de Filosofía y Letras de la UBA. Ha escrito diversos artículos y ponencias sobre su especialidad: Ramon Llull, Pico della Mirandola y la transición Edad Media-Renacimiento, campo este último sobre el que ha coordinado talleres para la Orden de San Agustín en Argentina, como "Hacia el Renacimiento" en septiembre de 2010.

Gustavo Fernández Walker

Es profesor de Filosofía por la Universidad de Buenos Aires. Integra la cátedra de Historia de la Filosofía Medieval de la Universidad Nacional de San Martín y actualmente, becado por CONICET, prepara su tesis de doctorado centrada en la figura de Nicolás de

Autrecourt. Fue director de las revistas del Teatro
Colón y del Teatro Argentino de La Plata. Escribe
regularmente sobre cuestiones culturales en diversas
publicaciones de la Argentina y el exterior, entre
ellas, la *Revista Ñ, Courier International* de Francia,
y *La Tempestad* de México. Participó en el volumen
colectivo *Lenguaje, lógica y ontología en cinco pen-
sadoeres medievales* (Bs. As, Baudino, 2011).

Marcela Borelli

Es profesora en Filosofía por la Universidad de
Buenos Aires; actualmente, adscripta a la cátedra
de Literatura europea del Renacimiento de esa Universidad, y becaria del CONICET. Prepara su doctorado en Filosofía con la tesis "Influencia del pensamiento agustiniano en Petrarca". Ha participado de
diversos congresos, entre ellos el III Summerschool:
"Letter and Mind – How Philosophy benefits from
Philology", European Graduate School for Ancient
and Medieval Philosophy, Santa Cesarea Terme,
(Lecce), Italia, 14-20 de Septiembre de 2009 con
la exposición "Augustinische Einfluß in Petrarca
Werke", y el XIII Congreso de Filosofía Medieval,
en Vitória, convocado por la Sociedade Brasileira
de Filosofia Medieval.

Esta edición de 800 ejemplares se terminó de imprimir
en septiembre de 2012, en los talleres de
Gráfica LAF s.r.l., ubicados en Monteagudo 741,
San Martín, Provincia de Buenos Aires, Argentina.